Swami Paramatmananda Puri

Ateisti joka putosi kielekkeeltä

Kertomuksia idästä ja lännestä

Osa 1

Mata Amritanandamayi Center
San Ramon, California, Yhdysvallat

Ateisti joka putosi kielekkeeltä
Kertomuksia idästä ja lännestä – Osa 1
Swami Paramatmananda Puri

Julkaisija:
Mata Amritanandamayi Center
P.O. Box 613
San Ramon, CA 94583
Yhdysvallat

Suomessa: www.amma.fi

Kansainvälinen: www.amma.org

Esipuhe

JAGADGURU
Mata Amritanandamyai Deville
syvällä antaumuksella
ja kunnioittavasti tervehtien

Swami Paramatmananda on elänyt vuodesta 1968 asti maailmasta luopuneen munkin elämää Intiassa. Hän muutti sinne yhdeksäntoista vuoden iässä, voidakseen omaksua tuon ikivanhan, suuren kulttuurin sisältämän henkisen tiedon. Hän on ollut onnekas saatuaan olla vuosien aikana monen pyhimyksen ja tietäjän seurassa, kunnes lopulta hän tapasi gurunsa Mata Amritanandamayin vuonna 1979. Yhtenä Amman vanhimmista opetuslapsista häntä pyydettiin viimein palaamaan Yhdysvaltoihin voidakseen palvella ensimmäisen länteen perustetun ashramin, Mata Amritanandamayi Keskuksen, johtajana, asuen siellä vuodesta 1990 vuoteen 2001.

Monet keskuksen asukkaat ja vierailijat ovat kertoneet, että siellä pidettyjen ohjelmien kohokohtia olivat Swamin puheet, jotka käsittelivät Amman opetuksia, hänen kokemuksiaan Intiassa, hänen ymmärrystään henkisistä teksteistä ja hänen elämäänsä henkisellä polulla. Hän on osannut yhdistää älykkäällä ja huumorin täyteisellä tavalla idän ja lännen, luoden siten keskusteluareenan, jossa erilaisen taustan omaavat ihmiset ovat voineet opiskella henkisyyttä.

Alun alkaen nämä puheet olivat saatavilla nauhoituksina, mutta nyt ne on siirretty kirjalliseen muotoon, pyrkien kuitenkin säilyttämään mahdollisimman tarkasti hänen tapansa puhua, ja näin näistä teoksista on tullut arvokas viisauden lähde tuleville vuosille.

Nämä puheet nauhoitettiin yli kaksikymmentävuotta sitten. Tätä uudelleen toimitettua versiota varten Swamiji on muokannut tekstin luettavampaan tyyliin.

Julkaisija
Amritapuri, Intia
1. elokuuta 2015

Sisällys

Tarinoita pyhimyksistä - 1

Intian henkiset jättiläiset eivät ole eläneet kaikki luostareissa. Moni *mahatma*[1] on elänyt avioliitossa, varsinkin kauan sitten, vedisellä aikakaudella, jolloin heitä kutsuttiin *risheiksi*, tietäjiksi. Meidän ei tule ajatella, että kaikkien *mahatmojen* täytyy olla *sanjaaseja*[2] tai että jos hän ei luovu maailmasta ja pue päälleen *gerua*, oranssia kaapua, hänestä ei voisi tulla pyhimystä, tietäjää tai mystikkoa. On ollut monia oivalluksen saavuttaneita, jotka ovat eläneet avioliitossa ja työskennelleet elättääkseen perheensä. He ovat käyttäneet kaiken vapaa-aikansa tehden *sadhanaa*, henkisiä harjoituksia.

Et saa sitä mukaasi

Tutustuin filosofian professoriin, joka eli Hyderbadissa, Andhra Pradeshissa. Hän oli onnekas, sillä hänellä oli työ, joka tuki hänen henkistä elämäänsä. Aina kun hänen ei tarvinnut keskustella jonkun kanssa tai olla suorittamassa jotakin tehtävää, jos hän istui yksin vaikka bussissa matkalla jonnekin tai autoa ajaessa, saattoi nähdä, että hän taputti jalkaansa niin kuin hän olisi laskenut jotakin. Hän harjoitti silloin *japaa*, jumalallisen nimen, 'Raman' toistamista. Hän käytti kaikki vapaahetkensä *japan* harjoittamiseen. Hän meni tapaamaan kaikkia pyhimyksiä ja tietäjiä, jotka tulivat Hyderbadiin saadakseen kokea heidän *darshaninsa*.[3] Hän

---

[1] Mahatma tarkoittaa kirjaimellisesti 'suurta sielua', Itse-oivalluksen saavuttanutta pyhimystä.
[2] Sanjaasi on munkki tai nunna.
[3] Darshan tarkoittaa pyhimyksen kohtaamista, hänen siunauksensa saamista.

kutsui heidät vierailemaan tai majoittumaan taloonsa. Jotkut sanjaasit ja pyhimykset olivat hänen luonaan kaksi tai kolme vuotta. Muut perheenjäsenet eivät olleet kovin iloisia tästä, mutta ei hän välittänyt heidän mielipiteestään. Hän oli oivaltanut, että ollessaan tässä katoavaisessa maailmassa, hänen tuli käyttää omaisuuttaan siten, että se hyödyttäisi häntä henkisesti. Hän muunsi näin maallisen omaisuutensa *punyamiksi* (uskonnollisiksi ansioiksi). Intian henkisen perinteen mukaan kaikki haluun pohjautuvat teot, joita teemme keholla, puhuessa ja mielessä synnyttävät vastavaikutuksen, *karmaa*, joka on joko myönteistä (*punyaa*), kielteistä (*papaa*) tai neutraalia. *Punya* synnyttää tulevaisuudessa onnellisuutta ja *papa* luo kärsimystä. Tämän elämän mukavuudet ja nautinnot ovat seurausta edellisten elämien *punyasta,* kun taas kärsimys ja suru ovat seurausta *papasta.* Meidän tekojemme näkymättömät seurausvaikutukset kulkevat mukanamme elämästä toiseen. On olemassa eräänlainen 'tili', jonne karmamme seurausvaikutukset tallentuvat elämä elämän jälkeen. Tätä kutsutaan nimellä *sanchita* (kaikkien aiempien elämiemme yhteenlasketut teot). Vaikka yleensä ajatellaankin, että 'emme saa mitään mukaamme', niin tosiasiassa näin kuitenkin tapahtuu! Eläessämme hyveellistä, *dharmista* elämää, kartutamme tilillämme olevaa *punyaa*. Itse asiassa voimme jopa muuttaa tämän elämämme voimavarat, kuten rahavaramme ja omaisuutemme *punyaksi*. Mutta tämä tulee tehdä ennen kuin jätämme kehomme. Ymmärrykseni mukaan varallisuutta, joka lahjoitetaan testamentin kautta kuoleman jälkeen, ei oteta lukuun. Eräs syy sille, että teosta tulee *punyaa*, on siinä että siihen liittyy uhraaminen ja luopuminen, oli se sitten kuinka vähäistä tahansa.

Sanokaamme, että haluamme matkustaa maahan, jossa ei vaihdeta rahaa. Niinpä joudumme vaihtamaan rahan etukäteen, jotta käytössämme olisi käypää rahaa perillä. Meidän tekomme, omaisuutemme, terveytemme, kaikki on mahdollista muuttaa

punyaksi, mutta vain tässä ja nyt. Emme voi tehdä sitä myöhemmin. Kun olemme myöhemmin toisella puolella, kun olemme jättäneet kehomme ja saapuneet toiseen maailmaan, kukaan ei enää kysy meiltä: "Haluatko, että muutamme maallisen omaisuutesi meidän valuutaksemme täällä?"
Sillä mitä hyvänsä valuuttaa haluammekaan muuttaa, meidän on tehtävä se tässä ja nyt.

On kuitenkin olemassa tavallista *punyaa* ja henkistä *punyaa.* Teot, joita teemme halutessamme puhdistaa mieltämme jumalallisen armon avulla, jotta voisimme edetä kohti Jumal-oivallusta, kuuluvat jälkimmäiseen luokkaan. Ne eivät kanna hedelmää mallisen nautinnon muodossa. Niinpä jotkut suuret henkiset ihmiset, jotka olivat perheellisiä, toimivat juuri näin, he oivalsivat, että elämä on katoavaista ja että se voi päättyä millä hetkellä hyvänsä. Näin he saivat elämästä kaikkein eniten. Mutta näin ei tapahtunut siinä mielessä kuin ihmiset yleensä ajattelevat, että mitä tarkoittaa se kun saa elämästä eniten irti. He valmistautuivat elämään tämän elämän jälkeen.

Karakkal Ammaiyar ja mangot

Tamil Nadussa syntyi kuudennella vuosisadalla suuri naispyhimys nimeltä Punithavathiar. Hän tuli myöhemmin kuuluisaksi Karaikkal Ammaiyarina, Karaikkalin kunnioitettuna Äitinä. Tamil Nadussa elää 63:n pyhimyksen vanha perinne, jota kutustaan Nayanmariksi. He olivat Shiva-jumalan suuria palvojia, jotka elivät 600- ja 800-luvuilla. Shiva-temppeleissä voi nähdä Shivan patsaan lisäksi näiden suurten palvojien patsaita temppelin pyhimmän osan reunalla. He kirjoittivat monia antaumuksellisia lauluja ja olivat mystikoita, jotka saivat osakseen Herran armon saaden suoran kokemuksen Jumalan läsnäolosta. Punithavathiar oli yksi ensimmäisistä heidän joukossaan. Hänen elämänsä ilmentää totuutta, josta Amma puhuu sanoen, että viattomuus vetää puoleensa jumalallisen armon. Punithavathiar oli varakkaan kauppiaan tytär. Hänen vanhempansa, joilla ei ollut vielä lasta, olivat Shivan antaumuksellisia palvojia ja niinpä he olivat rukoilleet Shivalta lasta. Hänestä kasvoi kaunis tyttö, joka oli vanhempiensa lailla hyvin antaumuksellinen. Aikanaan hänet naitettiin erään kauppiaan pojalle, nimeltä Paramadattan. He elivät onnellista ja tyytyväistä elämää, kunnes tapahtui jotakin joka muutti heidän elämänsä.

Eräänä päivänä kun Paramadattan istui kaupassaan, muutama ystävä tuli ja antoi hänelle kaksi mehukasta mangoa, jotka hän ojensi palvelijalleen kehottaen tätä viemään ne hänen vaimolleen heidän kotiinsa. Hänelle tuli kertoa, että Paramadattan söisi ne tullessaan lounaalle.

Vaimo oli juuri keittänyt riisiä, mutta ei vielä mitään muuta, kun sadhu, joka oli Shivan palvoja, kutsui häntä talon ulkopuolelta lausuen:

Annapurne sadapurne sankara prana vallabhe
jñanavairagya siddhyartham bhiksham dehi ca parvati

Mikä tarkoittaa:

"Annapurna Devi, paljouden jumalatar, sinä olet Shivan ikuinen puoliso, anna meille viisautta almujen kera."

Näin sadhu kerjäsi ruokaa ja koska Punithhavathiar oli Shivan palvoja, hän luonnollisesti tahtoi ruokkia hänet. Hän kiirehti ovelle sanoen: "Swami, tervetuloa sisään ja käy istumaan!"

Mutta mitä hän tarjoaisi hänelle riisin kera? Keittiössä oli säilöttyä chilikastiketta, mutta ei mitään muuta. Mutta sitten hän muisti mangot ja ajatteli, 'Annan hänelle yhden mangon lisukkeena ja hieman jogurttia, jotka hän voi sekoittaa keskenään. Siitä tulee herkullista.' Niinpä hän otti yhden mangoista ja antoi sen sadhulle, joka söi riisin ja mangon tyytyväisenä. Hän siunasi naisen ja jatkoi matkaansa.

Jonkin ajan kuluttua Paramadattan tuli kotiin, peseytyi ja istuutui lounaalle. Punithavathiar tarjoili miehelleen riisiä ja kaiken muun mitä hän oli valmistanut.

"Entäpä mangot, jotka lähetin tänne?"

"Tosiaan, tuon yhden", vaimo sanoi ja toi jäljellä olevan mangon ja laittoi sen hänen lautaselleen.

"Ah, olipas se herkullista. Tuo myös toinen."

Nyt vaimolla oli ongelma, mutta hän ei sanonut mitään. Hän olisi voinut sanoa, että 'minä annoin sen sadhulle', mutta hän epäröi. Hän halusi miellyttää miestään. Hän meni varastohuoneeseen ja alkoi itkeä.

"Oi Shiva, oi Shiva, mitä minä nyt teen? Hän pyytää mangoa eikä minulla ole sitä. Olisin voinut kertoa hänelle, mutta en tehnyt niin. Mitä minä nyt sanon?" Hän kohotti kätensä ja itki. "Oi Jumala, pelasta minut!"

Silloin hänen käteensä ilmestyi yhtäkkiä mango. Hän oli tietenkin ihmeissään, mutta ennen kaikkea kiitollinen siitä, että Jumala oli pelastanut hänen päivänsä. Hän vei nyt mangon miehelleen, joka söi sen ja sanoi sitten: "Tämä oli kymmenen kertaa makeampi kuin ensimmäinen. Mistä sait tämän? Onko tämä sama mango, joka lähetin? Kuinka olen voinut antaa kaksi mangoa, jotka ovat niin erilaisia. Tämä on ihmeellistä."

Nyt vaimo ajatteli, että oli paras kertoa totuus, niinpä hän sanoi: "Sadhu tuli tänne kerjäten eikä minulla ollut muuta antaa hänelle kuin riisiä, niinpä annoin hänelle toisen mangoista. Kun sinä sitten pyysit toista mangoa, minä rukoilin Shiva-jumalaa ja Hän antoi minulle tämän toisen."

"Niinkö? Koska Hän antoi sinulle toisen mangon, voitko saada häneltä vielä yhden lisää?" mies kysyi sarkastisesti.

"En tiedä. Voin rukoilla."

Punithavathiar palasi keittiöön, missä hän itki: "Oi Jumalani! Pelasta minut tästä tilanteesta!" Silloin hänen käteensä ilmestyi uusi mango. Hän meni miehensä luo ja antoi sen hänelle. Heti kun mies sai sen käsiinsä, se katosi. Mies oli nyt järkyttynyt ja samalla peloissaan, sillä hän ymmärsi, että hänen vaimonsa ei ollut mikään tavallinen nainen. "Oletko sinä jumalatar?" hän kysyi. Vaimo ei vastannut mitään, sillä hän ei tiennyt mitä sanoa. Tuolla hetkellä hänen miehensä päätti, että koska hänen vaimonsa näytti olevan jumalatar eikä mikään tavallinen nainen, hän ei voisi enää elää hänen kanssaan pitäen häntä vaimonaan. Koska hän oli kauppias, hänellä oli tapana matkustaa laivalla meren toiselle puolelle, niinpä hän nousi seuraavaan laivaan eikä koskaan enää palannut Karaikkaliin. Hän asettui lopulta Maduraihin, joka oli melko kaukana hänen kotipaikastaan. Hän meni uudelleen naimisiin ja sai tyttären, jolle antoi ensimmäisen vaimonsa nimen, Punithavathiar.

Sillä aikaa Punithavathiar odotti miehensä palaavan kotiin. Viiden tai kuuden vuoden kuluttua hänen sukulaisensa, jotka olivat vierailleet Maduraissa, olivat nähneet hänen miehensä siellä ja kertoivat nyt hänelle: "Näimme miehesi Maduraissa."

He päättivät viedä vaimon sinne ja vuokrasivat kantotuolin. Niinpä Punithavathiar lähti heidän matkaansa. He lähettivät samalla sanan miehelle, että hänen vaimonsa oli tulossa.

Kun Punithavathiar saapui, Paramdattan tuli juosten uuden vaimonsa ja tyttärensä kanssa tapaamaan häntä. Heti kun Punithavathiar nousi kantotuolista, mies teki *sashtanga namaskaramin*, kokovartalo kumarruksen hänen jalkojensa juuressa. Punithavathiar ei pitänyt tästä, sillä intialaisena vaimona hänen olisi kuulunut kumartua miehensä jalkojen juuressa. Niinpä hän sanoi: "Mistä on kysymys? Miksi teet näin?"

Tällöin mies kertoi kaiken tapahtuneen sanoen: "Tämä nainen ei ole mikään tavallinen nainen vaan jumalatar ja hänen armostaan minä menin uudelleen naimisiin ja sain lapsen. Minä palvon häntä talossani Punithavathiarin jumalattarena." Kuultuaan tämän Punithavathiar tuli surulliseksi ja alkoi rukoilla voimallisesti Shivaa: "Oi Herra, säästin kauneuttani miehelleni ja nyt hän ei enää halua minua. Ole siis Sinä minun kaikkeni. Ota minun kauneuteni."

Hän muuttui saman tien kuihtuneeksi ja laihaksi, melkein kuin haamuksi. He sanoivat, että hän näytti demonilta ja kaikkiaan oudolta. Nähdessään tämän kaikki juoksivat tiehensä. Mutta hän oli onnellinen, sillä tämä oli hänen maailmasta luopumisensa alkusoittoa. Kyse oli Jumalan tahdosta, ei hänen.

Hän aloitti nyt pitkän pyhiinvaellusmatkan kävellen Himalajalle, Kailash-vuorelle. Tuohon aikaan pitkät pyhiinvaellukset olivat vaarallisia. Kulkijan täytyi kulkea metsien poikki, missä oli villieläimiä tai mikä vielä pahempaa villi-ihmisiä! Kun hän saapui Kalashille, Jumala siunasi häntä *darshanilla*, mystisellä näyllä, kysyen häneltä: "Mitä haluaisit? Annan sinulle armolahjan."

"Tahdon jatkuvaa *bhaktia*. Tahdon täydellistä, pysyvää antaumusta Sinua kohtaan. Ajattelen niin monia asioita, mieleni vaeltaa kohteesta toiseen. Tahdon, että mieleni virtaa keskeytyksettä vain Sinua kohden, niin kuin Ganges virtaa kohti valtamerta. En tahdo syntyä uudelleen. Tässä maailmassa ei ole mitään mitä haluaisin. Tahdon olla vain Sinun jalkojesi juuressa. Ja jos minun täytyy syntyä uudelleen jonkin karman takia, salli minun siinä tapauksessa olla aina tietoinen siitä, että Sinä olet olemassa. Älä salli minun enää vaipua *mayan* (harhan) uneen, jolloin unohdan sen, että Sinä olet olemassa ja ajattelen, että vain tämä maailma on todellinen ja arvokas. Salli minulle Jumal-tietoisuus vaikka syntyisin uudelleen."

Ja lopulta hän rukoili, että saisi nähdä Jumalan kosmisen tanssin kaiken aikaa. Tämä saattoi merkitä kahta asiaa. Olet saattanut nähdä Shivan kuvan Natarajana, tanssin kuninkaana. Hän tanssii tulen loistaessa Hänen ympärillään. Tämä edustaa maailmankaikkeuden tanssia. Kaikki maailmankaikkeudessa liikkuu. Ei ole olemassa mitään mikä olisi täysin liikkumatonta, jokainen atomikin on liikkeessä. Shakti, luontoäiti tanssii kaiken aikaa. Luonto tanssii olemassaoloon ja siitä pois. Kun värähtely päättyy, se merkitsee luomakunnan päättymistä. Silloin alkaa *pralaya*, maailmankaikkeuden tuhoutuminen. Ja sen jälkeen tanssi alkaa uudelleen.

Tämä on yksi tulkinta siitä, mitä hän halusi nähdä puhuessaan Jumalan kosmisesta tanssista. Hän halusi toisin sanoen nähdä koko maailmankaikkeuden Jumalan muotona. Toinen tapa tulkita tätä olisi sanoa, että hän halusi nähdä Shiva-jumalan tanssivan Natarajana *akashassa*, avaruudessa. Ja Shiva vastasi hänelle sanoen: "Kyllä, saat näyn ja kaiken mitä pyysit."

Hän kehotti naista palaamaan Tamil Naduun, pyhään paikkaan nimeltä Tiruvalangadu, missä sijaitsee Shivan temppeli ja missä Hänen kerrotaan tanssivan kosmista tanssiaan. Sinne naisen tuli asettua ja siellä hän viettikin loppuelämänsä meditaatiossa ja hurmoksessa. Hän myös saavutti vapautuksen Shivan armosta.

Karaikkal Ammaiyar kirjoitti yli sata laulua, jotka kuvaavat hänen henkisiä kokemuksiaan ja mystistä ykseyttään Jumalan kanssa. Ne ovat osa Saiva-kirjallisuutta, Nayanmars-kirjallisuutta.

Nainen joka syötti Rama-pienokaista

Vietin ensimmäisen kymmenen tai kahdentoista Intian vuoteni aikana paljon aikaa Hyderabadissa. Tapasin tuolloin Ramana Maharshin naisoppilaan, joka vaikutti aivan tavalliselta naiselta. Hän oli brahmiinin leski, joka vietti kaiken aikansa harjoittaen *pujaa*, opiskellen *Srimad Bhagavatamia* ja muita pyhiä kirjoituksia sekä harjoittaen *japaa*. Hän tapasi toistaa Jumalan nimeä sata-tuhatta kertaa päivässä. Hän heräsi kolmen aikaan aamuyöstä, minkä jälkeen hän istui kuin patsas yhdeksään tai kymmeneen asti *japaa* harjoittaen. Niin kuin arvata saattaa, hän kehittyi suuresti ja alkoi nähdä jumalallisia näkyjä. 1970-luvun puolivälissä hän tuli ja asettui Tiruvannamalai-hin. Jotenkin meistä tuli ystävät. Vaikka hän olikin hyvin orto-doksinen, hän ilmaisi kuitenkin paljon lämpöä minua kohtaan, niin kuin vanhempi sisar nuorempaa veljeään kohtaan. Joinakin päivinä hän tuli ja valmisti minulle ruokaa ja sen jälkeen hän jutteli henkisistä asioista. Puhuin siihen aikaan hieman hänen kiel-tään, telugua. Käytin yksinkertaisia ilmaisuja ja myös hän puhui minulle yksinkertaisella tavalla kertoen minulle kokemuksistaan.

Toisinaan kun keskustelee henkisten ihmisten kanssa ja kun he alkavat kertoa omista kokemuksistaan, tuntuu siltä niin kuin heissä olisi jotakin vialla tai että he tahtovat tehdä sinuun vai-kutuksen. Monet ihmiset puhuvat niin. Mutta jos puhut aidon, viattoman ihmisen kanssa, sellaista tunnetta ei synny. Tunnet, että hän on kuin lapsi. Tämä nainen oli juuri niin kuin lapsi ja kun olimme tunteneet toisemme jonkin aikaa, hän alkoi kertoa minulle mitä hänen *sadhanassaan* (henkisissä harjoituksissaan) parhaillaan tapahtui.

Hän sanoi olevansa allapäin, koska hän halusi Ramana Maharshin oppilaana harjoittaa *atma vicharaa*, Itsen tutkiske-lua. Mutta aina kun hän sulki silmänsä ja pyrki keskittymään minä-ajatukseen, pyrkien kokemaan *atmanin*, pieni poika ilmestyi hänelle – Lapsi-Rama, pienikokoinen, kolmivuotias poika, jolla oli vaalean harmaan-sininen iho. Hän tuli ja hypähti naisen syliin ryhtyen vetämään häntä vaatteista ja sanoen: "Tahdon *payasamia* (makeaa jälkiruokaa)! Anna *vadaita* (paistettua makupalaa). Tah-don *dosaa* (paistettua pannukakkua). Tahdon jotakin syödäkseni!"

Nainen näki kaiken tämän ja tunsi, miten hänen vaatteitaan vedettiin ja miten poika itki. Mutta heti kun hän avasi silmänsä, poika katosi. Ja kun hän sulki jälleen silmänsä, hän näki pojan jälleen ja tunsi miten tämä veti häntä ja itki. Nainen oli tästä hyvin surullinen.

Kuultuani tämän ihmeellisen tarinan, ajattelin kuinka onnellinen olisin, jos tällaista tapahtuisi minulle. Sulkiessani silmät ainakin jotakin tapahtuisi, muutakin kuin ajattelua ja uneliaisuutta! Mutta tässä oli meidän välinen ero, hänelle ei kelvannut mikään vähäisempi kuin Itse-oivallus, *Atma jnana*. Hän ei halunnut edes Raman, Krishnan tai kenenkään muunkaan näkyä.

Yleensä hän ei valmistanut koskaan ruokaa tuohon aikaan, sillä oli vielä kovin aikainen aamu. Mutta jos hän ei olisi valmistanut ruokaa, Rama ei olisi jättänyt häntä rauhaan. Niinpä hänen täytyi valmistaa payasamia ja vadaita. Ei hän tahtonut niitä itselleen, olihan hän vain yksinkertainen henkinen etsijä. Sen sijaan hänen piti valmistaa kaikki nämä hienot ruoat tälle pojalle, joka ei tyytynyt yhtään vähempään. Ja sitten hänen piti syöttää poikaa silmät suljettuina, sillä hän saattoi nähdä hänet vain kun hänen silmänsä olivat kiinni. Hän ei edes voinut levätä, sillä jos hän sulki silmänsä nukkuakseen, poika tuli ja asettui makaamaan hänen vierelleen käpertyen häntä vasten, haluten leikkiä ja kuunnella tarinoita!

Nainen oli tästä allapäin kertoen siitä minulle. Hän sanoi: "Mikä on kohtaloni? Halusin oivaltaa Itsen ja minun pitää leikkiä Jumalan kanssa kaiken aikaa. Hän pitää minut jatkuvasti ruoanlaitossa, minun pitää valmistaa ruokaa joka aamu neljän aikaan. Mitä teen?"

Mitä minä saatoin sanoa hänelle? Se oli vaikeaa, sillä enhän tiennyt siitä mitään. Enhän ollut nähnyt Ramaa, Krishnaa tai Shivaa! Niinpä sanoin: "Antaudu Jumalan tahdolle!"

Mitä muuta saatoin sanoa?

Kunnes hän tuli eräänä päivänä luokseni sanoen: "Kuulehan, viime yönä tapahtui jotain kaunista. Meditoin, jolloin Rama tuli jälleen ja olin hieman turhautunut. En tiennyt enää mitä minun olisi pitänyt tehdä. Niinpä aloin rukoilla guruani ja hän ilmestyi mukanaan suuri keittoastia."

(Se oli valtava kattila, sellainen jossa saattoi seistä. Olen nähnyt sellaisia Intiassa, kun he keittävät ruokaa suuria juhlia varten. Puhdistaakseen sellaisen sisäpuolelta on astuttava sen sisäpuolelle ja seistä siinä, niin suuri se on. Sellainen kattila hänellä oli mukanaan.)

"Gurulla oli suuri keppi kädessään, jolla hän sekoitti keittoastian sisältöä – en tiedä mitä siinä oli. Katselin sitä ihmetellen mitä guruji oikein tekee. Ihmettelin mitä hän oikein keittää. Sitten hän kutsui minut luokseen, jolloin katsoin kattilaan ja hän sanoi minulle: 'Tämä on Mysoren Pakia (makeaa syötävää). Mutta se ei ole vielä valmista.'"

Silloin nainen ymmärsi, mistä hän puhui. Hän tarkoitti että nainen ei ollut vielä kypsä harjoittamaan Itsen tutkiskelua. Makea syötävä edusti makeaa mieltä, kehittynyttä mieltä, henkistä mieltä. Hän sekoitti sitä, mutta se ei ollut vielä valmista, eikä riittävän kypsää. Jos sitä ei olisi keitetty, hän ei olisi nähnyt Ramaa. Mutta koska kattila oli tulella ja sitä valmistettiin, hän sai nähdä näkyjä. Nainen kertoi, että tämän kokemuksen jälkeen näky, jossa Lapsi-Rama ilmestyi hänelle, loppui, ja hänen mielestään tuli tyyni kuin valtameri, ja hän kykeni istumaan tuntikausia syventyneenä itseensä, Atmaniin.

Hän oli näennäisesti aivan tavallinen nainen, kukaan ei tiennyt hänen näyistään. Saattoi olla, että olin ainoa, joka tiesi niistä. En koskaan kertonut siitä kenellekään. Te olette itse asiassa ensimmäiset, joille olen koskaan kertonut tästä. Olen varma, ettei hän kertonut kenellekään, sillä ei hänellä ollut ystäviä. Hän ei välittänyt ystävistä, hän välitti vain henkisistä harjoituksista.

Tämän naisen kaltaisia oppilaita, pyhimyksiä on varmaankin monia. Eräällä Ramakrishna Paramahamsan naisoppilaalla oli samanlainen 'ongelma' tai ongelmia!

Nainen joka paransi sveitsiläinen pojan korvan

Istuimme eräänä päivänä Amman seurassa ashramin edustalla. Vähän matkan päässä istuskeli sveitsiläinen nuori mies, joka oli asunut ashramissa muutamia vuosia. Hän vietti paljon aikaa meditoiden, jonka seurauksena hänen kehonsa ylikuumentui ja hänelle kehittyi korvatulehdus. Keskustellessamme kerjäläisnainen ilmestyi näkösälle. Toisinaan kerjäläisiä tuli takavesien yli keräjäämään ruokaa kylästä. Näytti siltä kuin hän ei olisi peseytynyt tai vaihtanut likaisia ja repeytyneitä vaatteitaan vuosikausiin. Hän näytti 70-vuotiaalta, hieman kumaraiselta ja hän piti pientä tinakannua käsissään kerjätessään. Hän meni suoraa päätä sveitsiläisen nuorukaisen luo ja kumartui kuin aikoisi sanoa jotakin. Sitten hän puhalsi nuorukaisen tulehtuneeseen korvaan muutamia kertoja! Ja odottamatta, että kukaan antaisi hänelle mitään, hän hymyili pojalle ja lähti saman tien, aivan niin kuin hän olisi tullut vain tätä tarkoitusta varten.

Amma katseli tapahtumaa, kääntyi puoleemme ja sanoi: "Näittekö tuon?"

Näimme, mutta emme ymmärtäneet mitä oikein todistimme.

"Tiedättekö kuka hän on?"

"Emme."

"Hän ei ole koskaan aiemmin tullut tänne", Amma sanoi.

"Kuinka sinä siis, Amma, tiesit kuka hän on?"

Ajattelematta tarkemmin, esitämme aina Ammalle tämän typerän kysymyksen. Seuraavassa hetkessä oivallamme oman typeryytemme kysyessämme kuinka hän tietää jotakin. Hän tietää, koska hänen tietonsa syntyy intuitiosta, ei kokemuksesta eikä älystä. Yhtä kaikki kysyimme: "Amma, kuinka sinä tiesit?" "Hän oli *avadhuta*,[4] naispuolinen *mahatma*. Hän kiertelee ympäriinsä kerjäläisenä. Tämä oli ensimmäinen kerta kun hän tuli tänne ja silti hän tiesi että pojan korva oli tulehtunut, ja se olikin ainoa syy minkä tähden hän tuli tänne. Ei hän tullut kerjäämään meiltä ruokaa. Näittekö kuinka hän vain puhalsi pojan korvaan ja lähti saman tien?" Hän oli hetken hiljaa ja lisäsi sitten: "On olemassa monia hänen kaltaisiaan. Itse asiassa jokaisessa kylässä on todennäkoisesti yksi, mutta emme tiedä heistä, sillä he näyttävät aivan tavallisilta ihmisiltä."

Mayamma

Ulkonäkö voi pettää. Me kaikki tunnemme sanonnan, että kaikki mikä kiiltää ei ole kultaa. Yhtä totta on sekin, että he jotka eivät kiillä saattavat tosiasiassa olla kultaa! Moni teistä on saattanut kuulla Mayammasta, naispuolisesta *avadhutasta*, joka eli Tamil Nadussa kuolemaansa asti (9. helmikuuta 1992). Amma vietti jonkun aikaa hänen seurassaan. Meillä oli tapana käydä tapaamassa häntä kerran kahdessa tai kolmessa vuodessa. Myös hän näytti kerjäläiseltä. Hän käveli ympäriinsä laukun kanssa ja sen kanssa hän meni ravintoloihin, kaappasi ruoan ihmisten lautasilta, laittoi sen laukkuunsa ja juoksi ulos hotellista. Meillä ei ollut paikkaa missä olisimme syöneet mennessämme häntä tapaamaan, niinpä menimme ravintolaan. Yksi oppilaista oli juuri tilannut aamiaista, minkä jälkeen hän meni pesuhuoneeseen. Juuri silloin Mayamma ryntäsi sisään, otti kaiken hänen lautaseltaan ja juoksi ulos.

Mitä hän teki ruoalle? Ei hän syönyt sitä itse. Hänellä oli noin kaksikymmentäviisi koiraa, jotka seurasivat häntä kaikkialle. Hän nukkui koirien kanssa, makasi niiden päällä, leikki koirien

---

[4] *Avadhuta* tarkoittaa pyhimystä, joka ei välitä yhteiskunnallisista säännöistä.

kanssa ja syötti niitä. Tällä tavoin hän hankki koirille ruokaa, sieppaamalla ruoan hotelleista. Yksikään hotellin omistaja ei pysäyttänyt häntä, sillä heidän mielestään oli suuri siunaus, että niin suuren henkisen voiman omaava pyhimys valitsi tulla heidän myymäläänsä. Kukaan ei tiennyt kuinka vanha hän oli. Amma sanoi, että hän oli yli 150-vuotias. Jos hän kosketti jotakuta sairasta, hän parani. Hän ui valtameressä ilman vaatteita. Jotkut ihmiset laittoivat hänelle vaatteet päälle, mutta ei hän näyttänyt pitävän siitä. Hän vaelsi kaupungin halki eikä kukaan häirinnyt häntä. Hän keräsi kasoittain jätettä kaupungista, kokosi sen valtameren rannalle, sytytti palamaan ja istui katsomassa sitä tuntikausia. Kukaan ei tiennyt mitä hän teki. Amma sanoi, että hän oli suuri *mahatma* ja me uskoimme, että niin täytyi olla. Sanotaan, että vain oivalluksen saavuttanut kykenee ymmärtämään toista oivalluksen saavuttanutta.

On ollut monia suuria Mayamman kaltaisia naispyhimyksiä. Halusin kertoa eräästä kaikkein suurimmasta, mutta aikamme on nyt päättymässä. Puhukaamme hänestä seuraavalla kerralla. Silloin kerron Andalista. Hän oli yksi kaikkein suurimmista ja sitten on ollut joitakin vielä suurempia. Kaikki ovat kaikki kokeneet Jumalan, mutta Andal oli ainutlaatuinen.

Tarinoita pyhimyksistä – 2

Pyhimys Tulsidas

Moni meistä on varmaankin kuullut Tulsidasista. Hän kirjoitti upean teoksen, *Tulsin Ramayanan* eli *Ramacharitamanasan*, joka on antaumuksellinen versio Valmikin kirjoittamasta alkuperäisestä *Ramayanasta*. Tulsidas oli Raman suuri palvoja, joka yritti vuosikausia saada hänestä jumalallisen näyn, mutta huolimatta yrityksistään, hän ei onnistunut. Hän tapasi mennä joka päivä Gangesin joelle hakeakseen hieman vettä voidakseen puhdistautua tarpeilla käynnin jälkeen. Palatessaan takaisin hänellä oli tapana heittää jäljelle jäänyt vesi erään puun juurelle. Eräänä päivänä, kun hän ohitti puun heittäen ylimääräisen veden sen juurelle, hän kuuli äänen sanovan: "Minä annan sinulle armolahjan."

Hän ei ymmärtänyt mistä ääni tuli. Niinpä hän palasi puun juurelle, jolloin ääni sanoi jälleen: "Minä annan sinulle armolahjan. Mitä haluat?"

Silloin Tulsidas kysyi: "Kuka oikein puhuu?"

"Minä olen haamu, olen ottanut tämän puun haltuuni, asun tässä puussa. Olen ollut kovin janoinen. Niinpä tunnen kiitollisuutta sinua kohtaan siitä, että olet antanut minulle päivittäin vettä. Joten teen puolestasi mitä voin. Annan sinulle armolahjan."

"Haluaisin kokea Raman darshanin."

"Sitä en kykene järjestämään sinulle, mutta tiedän jonkun joka kykenee. Nimittäin Hanuman."

"Sen minäkin tiedän, että Hanumanin armosta voin nähdä Raman, mutta missä hän on?"

"Kun luennoit aina iltaisin Ramayanasta, viimeinen, joka poistuu luennon jälkeen on salin takaosassa istuva spitaalinen. Hän on Hanuman. Hän tulee paikalle valeasussa saadakseen nauttia Raman tarinasta. Mene siis hänen luokseen ja pyydä häneltä Raman darshania."

Niinpä tuona iltana Tulsidas odotti, että kaikki olivat nousseet ylös ja lähteneet. Nähdessään spitaalisen nousevan viimeisenä paikaltaan salin takaosassa, hän meni tämän luokse ja heittäytyi hänen jalkoihinsa itkien: "Oi Hanumanji, ole hyvä ja siunaa minut armollasi!"

Spitaalinen seisoi paikoillaan ja sanoi lopulta: "En ole yhtään mitään. Miksi kumarrat minua?"

"Ei, tiedän että sinä olet Hanumanji," hän sanoi jatkaen rukouksiaan ja lopulta Hanumanji sanoi: "Hyvä on. Mitä haluat?"

"Haluan Raman darshanin."

"Hyvä on. Mene Chitrakotiin."

Chitrakoti on vuori, jolla Rama ja Sita asuivat useita vuosia, eikä se ollut kovin kaukana sieltä missä Tulsidas oleskeli tuolloin.

"Mene Chitrakotiin, palvo Ramaa siellä ja saat Raman darshanin minun armostani."

Tulsidas seurasi Hanumanin neuvoa ja sai kokea Raman darshanin kahdesti, mutta erikoisella tavalla. Hän istui harjoittamassa Rama-pujaa, kun villisika ilmestyi juosten paikalle, kaatoi kaiken ja katosi. Tulsidas oli tästä allapäin, sillä hänen pujansa oli piloilla ja kaikki oli nyt likaantunut ja haisi.

Hanuman saapui pian ja kysyi: "No, näitkö Raman?"

"En nähnyt Ramaa. Missä Rama on? Olen istunut täällä tekemässä pujaa enkä siitä huolimatta ole nähnyt Ramaa. Sinähän lupasit minulle!"

"Villisika oli hän. Hän juoksi juuri puja-alueesi poikki."

"Jos hän näyttää tuollaiselta, kuinka kykenen tunnistamaan hänet?"

"Olkoon menneeksi, saat Raman darshanin vielä kerran."
Niinpä Tulsidas suoritti *pujaa* toisenkin päivän. Moni saapui
vastaanottamaan sen päätyttyä *prasadia*. Myös kaksi nuorta poikaa
tuli paikalle, joista toinen oli vaalea ja toinen tumma. Tulsidas
jakoi *prasadia* kaikille ja kun hän laittoi *chandanamia* (santeli-
puu-uutetta) poikien otsalle koskettaen heitä, hän oivalsi, että
he olivat Rama ja Lakshmana. Silloin hän vaipui hurmoksesta
tiedottomuuden tilaan ja makasi siellä kaksi tai kolme päivää
autuudessa, saatuaan nähdä Herran.

Kuka tahansa voi olla mitä tahansa – jumala tai demoni.
Emme kykene sanomaan kuka on kuka. Mahatmoilla ei ole
kylttiä, jossa lukisi: "Minä olen suuri sielu." Tosiasiassa jokainen
on jumalallisuuden ilmentymä. Henkisten harjoitusten avulla
voimme kokea tämän. Siihen asti on hyvä kehittää itsessään kaiken
aikaa tuota asennetta.

Unniappam Swami

Intian rannikolla asui hyvin erikoinen ihminen, joka tunnettiin
nimellä Unniappam Swami. Suurin osa ajatteli, että hän oli ker-
jäläinen, mutta hänessä oli jotakin poikkeuksellista, joka erotti
hänet kerjäläisistä. Hänellä oli näet rastat, jotka oli sidottu pää-
laelle, mikä ei sinänsä ole mitenkään epätavallista, sillä monilla
sadhuilla on rastat, mutta kun hän käveli merenrantaa pitkin,
pienet lapset tulivat leikkimään ja tekemään hänestä pilaa. Tie-
dämmehän minkälaisia pienet lapset ovat. Hän ei ärsyyntynyt
tästä vaan laittoi kätensä hiuksiinsa vetäen esille juuri valmistettua
unniappamia ja jakoi sitä kaikille lapsille. *Unniappam* on makeis-
ta, jota valmistetaan Keralassa. Hänellä oli tapana 'valmistaa' sitä
omalla tavallaan. Tämän takia häntä alettiin kutsua 'Unniappam
Swamiksi'.

Eräänä päivänä hän käveli merenrantaa ja ilmestyi kylään,
missä Amma on syntynyt. Tämä tapahtui hieman ennen Amman

syntymää. Tässä vaiheessa Amman äiti Damayanti-Amma oli raskaana kantaen Ammaa vastassaan. He asuivat merenrannan myötäisen polun varrella, joka kulkee kylän poikki, ei kuitenkaan siellä missä ashram on nykyisin. Damayanti-Amma seisoi talonsa edustalla, kun Unniappam Swami käveli ohitse. Tullessaan Damayantin luo hän antoi hänelle pyhää tuhkaa (*vibhutia*, *bhasmaa*) ja sanoi: "Parashakti (Korkein Voima) on kohdussasi ja syntyy tyttäreksesi."

Ja sitten hän vain käveli pois. Nyt on olemassa miljoonia ihmisiä, jotka ovat kokeneet Amman Jumalallisena Äitinä, mutta jos olisit nähnyt Unniappam Swamin noina päivinä, et olisi voinut kuvitellakaan, että hän olisi voinut tietää tällaisen asian.

Nykyisen ashramin alla

Kun Amman isä, Sugunandan, oli nuori mies, hän leikki ystävänsä kanssa etupihalla olevassa cashew-pähkinäpuussa. Silloin sadhu ilmestyi sinne ja purskahti yhä uudelleen nauruun. Nuoret pojat kysyivät häneltä: "Miksi sinä naurat? Pilkkaatko meitä?"

"En. Nauran, koska koen oloni niin autuaalliseksi täällä. Tämä on pyhä paikka. Tämän maanpinnan alla on monen pyhän ihmisen hauta, tänne on haudattu monia munkkeja. Täällä on täytynyt olla kauan sitten ashram."

Sitten hän poistui paikalta.

Amma sanoo, että tämä on totta, nykyisen ashramin paikalla on ollut hänen aiempi ashraminsa. Tässä on yksi syy sille, minkä tähden koemme niin paljon rauhan ja autuuden tunteita siellä. Tietenkin se tosiasia, että Amma on asunut siellä koko elämänsä ajan ja että niin monet *sadhakat* (henkiset oppilaat) tekevät *sadhanaa* (henkisiä harjoituksia) siellä lisää suuresti tuon paikan rauhaa ja voimaa.

Mahatmat voivat olla minkä ikäisiä tahansa

Meidän ei kannata ajatella, että vain iäkkäät ihmiset voivat olla *mahatmoja,* myös nuoret voivat olla sitä. Esimerkiksi Amma, hän ilmensi jo murrosiästä alkaen *bhava darshania* (jumalallisia mielentiloja), vaikka kaikki eivät sitä ymmärtäneetkään, suurin osa kuitenkin hyväksyi, että hän oli suuri sielu. Suka Brahmin, Ramakrishna Paramahamsa ja Ramana Maharshi olivat *mahatmoja* jo nuorena. Olet saattanut lukea Nachiketan tarinan *Kathupanishadista.* Se on klassinen tarina siitä miten jo nuori ihminen voi olla suuri pyhimys. Haluan kertoa teille, jotka ette tunne tätä tarinaa, hieman Nachiketasta ja lukea katkelmia *Kathupanishadista.*

Nachiketas ja kuoleman jumala

Kun Nachiketas oli murrosiässä, hänen isänsä päätti suorittaa suuren rituaalisen jumalanpalveluksen, *pujan.* Kun suuri *puja* suoritetaan Intiassa, tapana on antaa lahjoja papeille. Nachiketan isällä ei ollut paljoakaan rahaa, vain muutamia lehmiä, joita ei voinut enää lypsää ja joilla ei ollut vasikoita. Mitä kukaan tekee vanhoilla lehmillä, jotka eivät anna enää maitoa? Siitä huolimatta hän lahjoitti nämä vanhat lehmät papeille, niin kuin kyse olisi ollut suurestakin lahjasta. Nähdessään tämän *dharman* vastaisen teon Nachiketas, joka oli opiskellut pyhiä kirjoituksia ja joka uskoi lujasti *Vedoihin,* ei voinut enää vaieta. Hän koki, että hänen oli sanottava jotakin isälleen, sillä se mitä hän teki, oli *dharman* vastaista. Hän tiesi, että jos annat jollekulle jotakin täysin hyödytöntä, saat siitä itsellesi huonon seurausvaikutuksen joskus tulevaisuudessa ja jos annat jotakin hyvää, saat siitä hyvän seurausvaikutuksen. Suojellakseen isäänsä hän sanoi: "Isä, tämä ei ole hyvä. Ehkä voit antaa heille sen sijaan minut."

Isä ei sanonut mitään, niinpä Nachiketas sanoi uudelleen: "Isä, kenelle aiot antaa minut?"

Isä ei sanonut mitään. Nachiketas toisti kysymyksensä kolme tai neljä kertaa. Lopulta isä suuttui.

"Minä annan sinut Yamalle, kuolemalle."

"Hyvä on", sanoi Nachiketas.

Niin hän lähti kuoleman valtakuntaan, Yamalokaan. Mutta kun hän saapui sinne, Yama ei ollut palatsissaan. Niinpä Nachiketas istui portilla ja odotti kolme päivää ja yötä. Kun Yama viimein saapui, hän hämmästyi nähdessään Nachiketan.

"Poika-parka, olet istunut täällä kolme päivää!"

Hän kutsui pojan heti palatsiinsa ja sanoi: "Kuulehan, haluan tehdä jotakin puolestasi, koska olet vieraani ja olet kärsinyt kolme päivää ja yötä istumalla portillani ilman ruokaa ja juomaa, ilman mitään. Annan sinulle kolme armolahjaa."

Mitä olivat nämä armolahjat?

Nachiketas sanoi:

"Hyvä on. Ensimmäinen armolahjani: Kun menen takaisin kotiin, toivon että isäni ei ole enää minulle vihainen."

"Olkoon niin", sanoi Yama. "Mikä on toinen toiveesi?"

"Olen saanut kuulla, että taivaassa ei ole kärsimystä eikä surua, eikä kuolemaa niin kuin maan päällä. Haluaisin tietää kuinka taivaaseen pääsee – mitä siihen tarvitaan, että pääsee taivaaseen."

"On olemassa tietynlainen rituaali, jota voit harjoittaa. Jos harjoitat tätä *pujaa*, pääset taivaaseen sen jälkeen, kun olet jättänyt ruumiisi," Yama sanoi ja opetti hänelle kuinka tätä rituaalia harjoitetaan– kyse oli itseasiassa tuliseremoniasta. Sitten hän sanoi: "Nimeän tämän sinun kunniaksesi Nachiketan seremoniaksi. Ja mikä on kolmas toivomuksesi?"

"Kun ihminen kuolee, epäilys herää, onko hän edelleen elossa. Jotkut sanovat, että häntä ei enää ole. Tahdon, että kerrot minulle totuuden. Tämä on kolmas toivomukseni."

Jotkut ihmiset sanovat, että kun kuolet, se on kaiken loppu. Tätä mieltä ovat materialistit. Jotkut taas sanovat, että olet edelleen olemassa kuoleman jälkeen. Koska sinä olet kuoleman jumala, sinun täytyy tietää tämä paremmin kuin kukaan toinen. Haluan tietää, mitä kuoleman jälkeen tapahtuu. Olenko minä yhä olemassa vai en?

"Tämä epäilys kalvaa jopa jumalia, sillä kuoleman salaisuutta ei ole niinkään helppo tuntea", Yama sanoi. "Nachiketas, pyydä jotakin muuta armolahjaa ja vapauta minut niin lupauksestani. Toivon, että et pyytäisi minulta tätä."

Nachiketas vastasi hänelle: "Tämä epäilys vaivasi jopa entisajan jumalia, koska tästä on vaikea saada varmuutta, niin kuin sanot, oi Kuolema. Niinpä minulla ei voi olla suurempaa opettajaa kuin sinä, eikä ole olemassa toista armolahjaa, joka olisi yhtä arvokas. Niinpä en halua mitään muuta. Haluan vain tietää mitä kuoleman jälkeen tapahtuu."

"Pyydä poikia ja pojanpoikia, jotka elävät sata vuotta, pyydä karjaa, elefantteja, hevosia, kultaa ja maata. Pyydä, että saisit elää niin kauan kuin vain haluat tai jos mieleesi tulee jotakin vielä haluttavampaa, pyydä sitä sekä omaisuutta ja pitkää elämää, Nachiketas. Voit tulla suuren kuningaskunnan hallitsijaksi ja minä lahjoitan sinulle suurimman mahdollisen kyvyn nauttia elämän nautinnoista," Yama sanoi.

Mitä Yama oikein teki? Lahjoi Nachiketaa? Älkäämme käyttäkö sellaista sanaa. Hän houkutteli tai voi oikeastaan sanoa, että hän lahjoi Nachiketaa, joka oli kuitenkin liian viisas. Niinpä hän vastasi sanoen: "Nautinnot kestävät vain huomiseen ja kuluttavat elinvoimamme. Kuinka ohimenevää onkaan maanpäällinen elämä. Pidä sen tähden hevosesi ja vaunusi, tanssisi ja musiikkisi. Omaisuus ei yksin voi koskaan tehdä kuolevaista onnelliseksi. Kuinka voisimme haluta omaisuutta, kun näemme sinun kasvosi ja tiedämme, että emme voi elää ikuisesti, kun sinä olet täällä?

Tämä on armolahja, jonka valitsen ja jota pyydän sinulta. Kun olen tullut sinun kaltaisesi kuolemattoman luokse, kuinka minä joka vanhenen ja kuolen, voisin yrittää nauttia ohimenevistä nautinnoista pitkän elämäni ajan? Poista siis tämä epäilykseni, oi Kuolema: Elääkö ihminen kuoleman jälkeen vai ei? Nachiketas ei halua muuta armolahjaa kuin tietää tämän suuren mysteerin salaisuuden."

Minkälainen ihminen onkaan Nachiketas? Hän on todellinen henkinen etsijä, koska hän ei halua mitään muuta kuin vain tietää mitä kuoleman jälkeen tapahtuu. Toisin sanoen, onko sielu edelleen olemassa? Olenko minä sielu vai olenko minä ruumis, jolle kuolema on väistämätön? Häntä ei houkuta mikään muu.

Silloin Yama sanoi: "Sielun, Atmanin ilo on aina olemassa, mutta ei se mikä näyttää miellyttävän aisteja. Kumpikin saa ihmisen toimimaan, mutta niiden päämäärä on erilainen. Kaikki on hyvin heillä, jotka valitsevat Atmanin ilon, kun taas he jotka valitsevat nautinnot hukkaavat elämän päämäärän."

Yama tuo näin esille sen, että edessämme on kaiken aikaa valinta – voimme valita elämän nautinnot, joka on melko luonnollista, sillä jokainen haluaa sitä – tai voimme valita Itsen autuuden, joka on vaikea saavuttaa, mutta joka on ikuinen. Sen sijaan aistinautinnot tulevat ja menevät. Syömme jotakin maukasta, joka miellyttää meitä, mutta sitten se on ollutta ja mennyttä. Sitten meidän on syötävä jälleen jotakin, mutta emme voi syödä välittömästi, sillä aistien täytyy toipua ensin. Sitten syömme jälleen ja sekin on pian ohi. Niinpä kaikki tällainen on katoavaista. Se kestää vain hetken. Jokainen aistikokemus on tällainen: ne tulevat ja menevät. Ja kuitenkin haluaisimme nauttia kaiken aikaa, jatkuvasti, yötä päivää. Mutta aistimusten luonne on sellainen, että ne ovat ohimeneviä. Ne voivat antaa meille vain hetkellisen nautinnon ja sitten ne kuluvat pois. Aistit väsyvät ja jälleen niiden pitää saada palautua. Tämä on loputonta. Se on kuin pohjaton kuilu, jota emme voi koskaan täyttää. Pyhimykset sen sijaan sanovat, että jos saavutamme Atmanin, Itsen autuuden, se on luonteeltaan pysyvää – sitä on autuuden ydinolemus. Niinpä edessämme on jatkuva valinta miellyttävän ja hyvän välillä. Sanskriitin kielellä tätä kutsutaan *preyaksi* ja *sreyaksi*.

Niinpä Yama sanoi: "Ikuinen ilo tai ohimenevä nautinto. Tämän valinnan joudumme aina tekemään. Viisas tunnistaa nämä molemmat, mutta ei tietämätön. Ensimmäinen näistä toivottaa meidät tervetulleiksi pysyvään iloon, jälkimmäinen johdattaa tuskaan, saaden meidät tavoittelemaan välitöntä nautintoa."

Tämä valinta on aina edessämme. Ei vain silloin tällöin vaan elämämme jokaisena hetkenä joudumme valitsemaan, juoksemmeko nautinnon vai hyvän perässä. Ja se mikä on hyvää, on usein aluksi tuskallista, mutta lahjoittaa lopulta autuuden. Se taas mikä on nautinnollista, on helppoa saada, mutta lopulta joudumme kärsimään.

"Nachiketas, oletko luopunut näistä väliaikaisista nautinnoista, jotka ovat niin rakkaita aisteillemme, ja kääntänyt selkäsi maailman tavoille toimia, joka saa ihmiskunnan unohtamaan elämän päämäärän? Viisaus ja tietämättömyys ovat kaukana toisistaan. Ensin mainittu johtaa Itse-oivallukseen, jälkimmäinen saa meidät vieraantumaan yhä enemmän todellisesta Itsestä. Minä pidän sinua, Nachiketas, kelvollisena saamaan ohjeita, sillä ohimenevät nautinnot eivät houkuta sinua lainkaan."

Niinpä hän sanoo Nachiketalle, että 'sinä olet hyvä *sadhaka*, niinpä opetan sinua'. Ei ole mitään mieltä opettaa Itse-oivalluksen tiedettä ihmiselle, joka on kokonaan antautunut aistinautinnoille, sillä ei häntä kiinnosta tällainen lainkaan. Meillä pitää olla vähintäänkin yksi prosentti enemmän kiinnostusta näihin asioihin kuin muihin asioihin, jotta edes kuuntelisimme henkistä luentoa tai lukisimme pyhiä kirjoituksia. Nachiketan kiinnostuksen aste on tietenkin paljon suurempi kuin vain yksi prosentti.

"Harvat kuulevat Atmasta, vielä harvemmat omistavat elämänsä sen oivaltamiselle. Ihastuttava on hän, joka puhuu siitä, vielä harvinaisempia ovat he, jotka tekevät siitä elämänsä korkeimman päämäärän. Herääminen, jonka olet kokenut, ei ole loogisen ajattelun tai oppineisuuden seurausta vaan sitä, että olet ollut läheisesti tekemisissä oivalluksen saavuttaneen opettajan kanssa. Sinä olet viisas, Nachiketas, koska etsit ikuista Itseä. Olkoon meillä enemmän sinun kaltaisiasi etsijöitä."

Kuinka siis saavutamme tuon tiedon? Lähinnä olemalla tekemisissä Itse-oivalluksen saavuttaneen sielun kanssa.

"Tunne Itse vaunujen Herrana."

Näin Yama ryhtyy opastamaan Nachiketaa. Yama ylisti häntä sanoen, että hän on kelpo *sadhak*. Mitä siis on Itse?

"Tunne Itse vaunujen Herrana, keho on vaunut, äly on ajuri ja mieli on ohjakset, aistit ovat hevoset ja itsekkäät halut ovat teitä, joita pitkin ne kulkevat."

Me siis olemme vaununajajia, kehomme on vaunut, mieli ja äly pitelevät suitsia ja mihin nämä suitset johtavat? Aisteihin. Ja mitä kohden aistit suuntautuvat? Tie edustaa aistikohteita ja sinne aistit suuntautuvat – kulkemaan tietä pitkin. Niinpä tiet ovat aistikohteita. Näköaisti näkee erilaisia kohteita, nenä haistaa erilaisia tuoksuja, korvat kuulevat miellyttävää musiikkia – nämä edustavat teitä. Ja jokainen aisti on kuin hevonen. Mielen tulee pitää suitsia käsissään ja päättää mihin suuntaan hevoset kulkevat. Tässä on tämän ajatelman merkitys.

"Kun ihmisellä ei ole erottelukykyä ja hänen mielensä on kuriton, hänen aistinsa juoksevat sinne tänne niin kuin villihevoset."

Kun meillä ei ole minkäänlaista itsekuria tai erottelukykyä, aistit juoksevat minne haluavat. Olemme kaikki saattaneet kokea tämän. Toisinaan kävelemme keittiön poikki ja siellä on jotakin maukasta syötävää esillä. Olimme menossa jonnekin muualle, mutta sitten silmämme suuntautuivat siihen, samoin hajuaistimme ja hetken päästä kielemme reagoi. Mitä silloin tapahtuu? Suitset ovat löysällä, erottelukykymme on mennyttä. Ja seuraamme aistejamme. Näin tapahtuu kaiken aikaa. Korvat ja silmät, ne kaikki toimivat tähän tapaan ja mieli suuntautuu sinne minne aistitkin.

"Kun ihmisellä on erottelukykyä ja hän on tehnyt mielestään keskittyneen, silloin mielestä tulee puhdas ja hän voi saavuttaa kuolemattomuuden tilan. He ketkä eivät saavuta tätä tilaa vaeltavat kuolemasta toiseen. Mutta he joilla on erottelukykyä ja joiden mieli on hiljainen ja sydän puhdas, he saapuvat matkansa päähän eivätkä koskaan enää putoa kuoleman kitaan. Erottelukykyinen äly vaununajajana ja kouliintunut mieli suitsina saavuttavat elämän korkeimman päämäärän: he yhdistyvät Rakkauden Jumalaan."

Joten kun meillä on suitset käsissämme, kun aistimme toimivat niin kuin haluamme emmekä toimi niin kuin aistimme haluavat, silloin mielestä tulee tyyni, sillä se mikä mieltä sekoittaa on levottomat aistit. Kun aistit ovat hallinnassa, mieli tyyntyy. Rauhallisessa mielessä Rakkauden Jumala, Paramatman, ilmenee. Ja se on kuolemattomuuden tila, jossa oivallamme Jumalan.

"Nouse ylös! Herää! Etsi valaistunut opettaja ja oivalla Itsesi!"

Tässä on kuuluisa sanonta, jonka moni meistä on varmaankin kuullut ja tästä ajatelmasta se on peräisin: "Tietäjät sanovat, että polku, joka on terävä kuin partakoneen terä, on vaikea kulkea."

Henkinen polku on kapea ja yhtä terävä kuin partakoneen terä. Toisin sanoen, tarvitaan paljon itsekuria ja tarkkuutta, jotta onnistuisimme mielen kesyttämisessä.

"Korkein Itse on nimien ja muotojen tuolla puolen, aistien tuolla puolen, tyhjentymätön, vailla alkua ja loppua. Ikuisesti olemassaoleva Jumala läpäisi aistit suuntautuen siten ulospäin, niinpä katsoessamme ulkopuolellamme olevaa maailmaa, emme näe Atmania (Itseä) sisällämme."

Luoja loi aistimme toimimaan niin, että mielemme suuntautuu ulospäin, se suuntautuu aistien kautta ulospäin, jolloin unohdamme sen mikä on sisällämme, joka on Atman, aarteemme. "Tietäjä veti aistinsa pois maailmasta, muuttuvaisesta maailmasta ja etsien kuolemattomuutta hän katsoi sisälleen ja näki kuolemattoman Itsen – Atmanin."

Niinpä henkinen ihminen, oppilas, tietäjä tai pyhimys, joka haluaa paeta kuolemaa – ei ruumiinsa kuolemaa vaan tunnetta, että kuolemme ruumiimme kuollessa – hän jota elävöittää tämä toive, hän rauhoittaa aistinsa, katsoo sisälleen Itseen ja saa oivalluksen Atmanista, saavuttaen näin kuolemattomuuden.

Nachiketas sanoi:

"Kuinka siis oivaltaa tuo tila?"

Yama vastasi: "Atman on muotojen tuolla puolen eikä sitä voi nähdä näillä kahdella silmällä. Mutta hän paljastaa Itsensä meditaation ja aistihallinnan avulla puhdistetulle sydämelle. Joka oivaltaa hänet vapautuu ikuisesti syntymästä ja kuolemasta. Kun viisi aistia, mieli ja äly rauhoittuu, viisaat kutsuvat sitä korkeimmaksi tilaksi. He sanovat, että jooga tarkoittaa täydellistä tyyneyttä, jolloin ihminen saavuttaa ykseyden, eikä enää palaa erillisyyteen. Jos ihminen ei ole vakiintunut tähän tilaan, silloin ykseyden tunne tulee ja menee. Ykseyden tilaa ei voi saavuttaa sanojen, ajatusten tai silmien avulla. Kuinka sen voisi saavuttaa muuten kuin hänen avullaan, joka on vakiintunut tähän tilaan? On olemassa kaksi itseä: erillinen ego ja jakamaton Atman. Kun ihminen kohoaa 'minä' ja 'minun' tunteen yläpuolelle, Atman paljastuu todelliseksi Itseksi. Kun luovutaan kaikista haluista, jotka heräävät sydämessä, kuolevaisesta tulee kuolematon. Kun kaikki solmut, jotka sitovat sydäntä avataan, kuolevaisesta tulee kuolematon. Tässä on Upanishadien koko opetus. Rakkauden Jumala, joka ei ole peukaloa suurempi, asustaa alati kaikkien sydämessä. Paljasta hänet ruumiillisen vaipan sisältä niin kuin ruohon ydin paljastetaan. Tunne itsesi puhtaana ja kuolemattomana, tunne itsesi puhtaana ja kuolemattomana." Nachiketas oppi kuoleman jumalalta kuinka harjoittaa meditaatiota ja vapauttaa itsensä erillisyyden tunteesta. Hän voitti itselleen kuolemattomuuden Brahmanissa, Korkeimmassa Olevassa. Niin siunattu on jokainen, joka tuntee Itsen. Sanoma on selkeä: hiljentäkäämme mielemme henkisten harjoitusten avulla, sillä tavoin saavutamme oivalluksen Jumalasta tai oivalluksen Itsestä ja se on kaikkein korkein tila. Silloin yksilöllisyys sulautuu autuuden valtamereen. Tämä on kuolemattomuuden tila.

Nachiketas on esimerkki nuoresta ihmisestä, joka saavutti menneinä aikoina Itse-oivalluksen. Oli myös toinen nuori pyhimys, Andal, joka oli monin tavoin samanlainen kuin Amma.

Andal ja Vishnu-jumala

500-900-luvulla Tamil Nadussa, lähellä Maduraita syntyi monia Vishnun palvojia. Heidät tunnetaan nimellä Alwarit, joka tarkoittaa 'ihmisiä, jotka ovat sulautuneet Jumaltietoisuuteen'. Yhtä heistä kutsuttiin Periyalwariksi, joka tarkoittaa 'vanhempaa Alwaria' tai 'suurempaa Alwaria', koska hänellä oli erityinen suhde Jumalaan. Hänen *ishta devatansa* (valittu jumaluutensa) oli Krishna ja hän rakasti Krishnaa niin kuin vanhempi rakastaa lastaan. Hänen tapansa oli palvoa Krishnaa lapsen muodossa, Balakrishnana ja hän sai nähdä Jumalan tässä hahmossa.

Periyalwar oli tunnettu pyhimysmäisyydestään, jopa kuninkaat tiesivät hänestä ja kunnioittivat häntä. Hänen antaumuksensa Vishnua kohtaan ilmeni siinä, että hän kasvatti kukka- ja tulasi-puutarhaa (tulasi on Vishnulle mieleinen basilika-kasvi). Näistä kukista hän teki joka päivä suuren kukkaseppeleen ja uhrasi sen aina illalla temppelissä.

Eräänä päivänä, ollessaan kitkemässä rikkaruohoja tulasi-kasvien ympäriltä hän löysi ihmeekseen pienen tyttövauvan. Vauva makasi tulasi-kasvin alla. Hän yritti löytää sen vanhemmat, mutta ketään ei ollut näkyvillä. Silloin hän ajatteli mielessään, että 'tämän täytyy olla Jumalan antama lahja minulle'. Hän vei pienen tytön kotiinsa ja ryhtyi kasvattamaan sitä omana tyttärenään. Hän alkoi kutsua sitä Godaksi, joka tarkoittaa 'maasta syntynyttä'. Hän kasvatti tytöstä itsensä kaltaisen Jumalan palvojan. Nähdessään kuinka hän palvoi Jumalaa joka päivä, sulautuneena Jumaltietoisuuteen, tyttö alkoi jäljitellä hänen antaumuksellisia toimiaan. Godalla oli kaunis asenne Jumalaa kohtaan, vaikkakin hyvin erilainen kuin isällään. Hän koki, että Vishnu oli hänen rakastettunsa. Hän halusi mennä naimisiin Jumalan kanssa. Hän halusi olla Jumalan morsian. Olette saattaneet kuulla morsiamen mystiikasta, jossa koetaan Jumala rakastettuna ja halutaan mennä naimisiin Hänen kanssaan, halutaan tulla yhdeksi Hänen kanssaan, yhdistyä Häneen ikuisiksi ajoiksi. Tytöllä oli tällainen asenne. Hänelle oli luonnollista tuntea tällä tavoin Vishnua kohtaan.

Periyalwar valmisti kauniita kukkaseppeleitä ja laittoi ne sitten koriin. Kylvettyään ensin hänellä oli tapana viedä kukkaseppeleet temppeliin, missä hän uhrasi ne Jumalalle. Kun hän meni kylpyyn, Godalla oli tapana ottaa kukkaseppele, laittaa se kaulalleen ja seisoa kokovartalopeilin edessä ajatellen: 'Olenko minä tarpeeksi kaunis Bhagavanille?' Hän mietti menisikö Bhagavan hänen kanssaan naimisiin vai ei. Hän katseli peilistä, että näyttikö hän sievältä. Sitten hän otti kukkaseppeleen kaulaltaan ja laittoi sen takaisin koriin ennen kuin hänen isänsä palasi.

Tätä jatkui usean päivän ajan. Eräänä päivänä Bhagavan halusi, että kaikki saisivat tietää Godan bhaktista, antaumuksellisesta rakkaudesta. Niinpä kun Periyalwar vei kukkaseppeleen illalla temppeliin, Bhagavan laittoi papin huomaamaan pitkän mustan hiuksen kukkaseppeleessä, jolloin pappi sanoi: "Mitä tämä on? Täällähän on hius? Joku toinen on jo pitänyt tätä kukkaseppelettä!

Ei tällainen peli vetele! Voitko sinä muka uhrata tämän Jumalalle? Olet jo antanut sen jollekulle toiselle!!"

Periyalwar kauhistui. Hän otti kukkaseppeleen ja meni kotiin. Hän ei sanonut mitään Godalle, mutta hän ajatteli, että yrittäisi saada hänet kiinni itse teosta.

Seuraavana päivänä hän teki jälleen kukkaseppeleen, laittoi sen koriin ja oli lähtevinään kylpyyn, mutta kiersikin talon toiselle puolelle, missä hän seisoi ikkunan äärellä. Silloin hän näki Godan, joka otti kukkaseppeleen ja asettui peilin eteen kääntyillen puolelta toiselle. Ei hän itseään ihaillut vaan mietti olisiko Bhagavan onnellinen, jos Goda olisi hänen vaimonsa. Silloin Periyalwar ryntäsi sisälle.

"Mitä pyhäinhäväistystä tämä on? Tämä on kauheaa! Kuka opetti sinulle tämän?"

Tyttö tunsi itsensä ujoksi, eikä hän sanonut mitään. Tuonakaan iltana Periyalwar ei voinut mennä uhraamaan kukkaseppelettä Bhagavanille. Hän oli poissa tolaltaan. Hän nukahti ja näki hyvin eläväisen unen. Bhagavan Vishnu ilmestyi hänelle sanoen: "Periyalwar, älä uhraa minulle enää muita kukkaseppeleitä, paitsi sellaisia, joita Goda on pitänyt, sillä hänen rakkautensa tuoksu lisää niin paljon kukkaseppeleeseen, että en halua enää pitää muita seppeleitä. Pidä huoli siitä, että hän pitää kukkaseppelettä ensin ja tuo vasta sen jälkeen seppele minulle."

Periyalwar oli vähintäänkin yllättynyt! Hän oivalsi nyt, että hänen lapsensa oli jumalallinen, Jumalan suosikki. Hän muutti tytön nimen nyt Andaliksi, joka tarkoittaa 'häntä, joka ilmentää Jumalan ominaisuuksia', häntä, joka on toisin sanoen täynnä Jumalaa.

Andal tapasi mennä ystäviensä kanssa aina aamuisin (erityisesti talviaikaan, joulu- ja tammikuussa) kylpemään temppelin lähteessä. Sen jälkeen he menivät Krishna-temppeliin laulamaan lauluja Jumalalle, pyytäen häntä heräämään, menemään naimisiin heidän kanssaan ja siunaamaan maailman rauhalla. Nämä laulut ovat kauniita ja täynnä antaumusta. Yksi näistä lauluista, joka sisältää kolmekymmentä säettä, on nimeltään Tiruppavai. Vaikka se on sävelletty 1200 vuotta sitten, lauletaan sitä yhä tuon kuukauden aikana kaikissa Vishnu-temppeleissä Etelä-Intiassa ja vaishnavien, Vishnun palvojien kodeissa. Tätä jatkui melko pitkään, kunnes lopulta Andali oli täysikasvuinen nuori nainen. Oli hänen aikansa mennä naimisiin. Periyalwar oli hieman huolissaan, sillä vaikutti siltä, että tyttö oli aivan hulluna Jumalasta. Hän ajatteli kuten suuri osa ihmisistä ajattelee, että jos saatamme hänet avioon, hän tulee takaisin järkiinsä. Niinpä hän ryhtyi etsimään tytölle sopivaa sulhasta, mutta kun Andal kuuli tästä, hän oli siitä aika järkyttynyt, aivan niin kuin Amma.

Olette saattaneet lukea Amman elämänkerrasta kuinka hänen vanhempansa yrittivät monia kertoja saada häntä menemään naimisiin. Oli mahdotonta painostaa häntä avioliittoon. Hän loi joka kerta jonkin esteen.

Mielenkiintoista oli se, mitä hän teki. Kun vanhemmat toivat eräänkin nuorukaisen kotitalolleen esitelläkseen hänet Ammalle, hän seisoi keittiön ikkunassa pitäen käsissään kivistä survinta, heilutellen sitä niin kuin aikoisi hakata sillä nuorukaisesta lihasmassaa. Kyse oli siis mahdollisesta sulhasesta, joka katosi kuin luoti vastakkaiseen suuntaan. Amma teki muitakin asioita saadakseen vanhempansa luopumaan aikomuksestaan naittaa hänet, kunnes lopulta he antoivat periksi.

He menivät tapaamaan astrologia, joka kertoi heille, että he olivat onnekkaita, kun eivät olleet onnistuneet naittamaan tätä tyttöä, sillä olisipa aviomies ollut kuka tahansa, olisi hän luultavasti kuollut pian sen jälkeen. Amman ei ollut tarkoitus mennä naimisiin kenenkään kanssa, sillä hän on jumalallinen joogi-persoona. Tämä astrologi ei koskaan tavannut häntä, mutta kykeni kertomaan tämän pelkästään tutkimalla hänen horoskooppiaan.

Samalla tavoin ei Andal tahtonut mennä naimisiin. Pariyalwar oli mahatma, ei mikään tavallinen ihminen, niinpä hän ei halunnut pakottaa tytärtään. Hän tiesi, että tyttö oli pyhimys, niinpä hän sanoi: "Hyvä on, mitä siis haluat? Mitä aiot tehdä elämälläsi?"

"Haluan naimisiin vain Bhagavanin kanssa?"

"Minkä Bhagavanin kanssa haluat avioitua?"

"Vishnun."

"Minkä Vishnun? On olemassa monia Vishnuja?"

"Mitä tarkoitat, että on olemassa monia Vishnuja?"

"On olemassa monia Vishnu-temppeleitä."

Sitten hän kertoi eri Vishnuista, että on olemassa tämä Vishnu, tuo Vishnu ja lopulta hän alkoi puhua Srirangamin Ranganathanista, jolloin tyttö punastui. Niinpä hänellä ei ollut tarvetta kysyä enää lisää. Hän ymmärsi, että tyttö halusi mennä naimisiin tuon Vishnun kanssa. Tuon Vishnun hän tapasi nähdä unissaan ja meditaatioissaan.

Niinpä hän ajatteli, että 'kuinka minä voin naittaa tämän tytön kiven kanssa?' Mahdotonta. Vaikka Vishnu ei itsessään olekaan kiveä, niin Sri Ranganatha-jumalan patsas on kiveä. Kuinka siis voin naittaa lihallisen tyttäreni kivijumalan kanssa? Hän ei tiennyt mitä hänen pitäisi tehdä. Tuona yönä hän näki unen, jossa Ranganatha sanoi hänelle: "Älä ole huolissasi. Minä järjestän kaiken."

Niinpä Periyalwar kutsui kaikki sukulaisensa koolle, he laittoivat Andalin kantotuoliin ja lähtivät viemään häntä Sri Rangamin temppeliin. Sillä aikaa Sri Ranganathan ilmestyi papeille ja sanoi heille: "Rakkaani on tulossa, morsiameni on tulossa. Valmistautukaa vihkimisseremoniaan."

Kun he saapuivat temppelille, papit toivottivat Andalin kunnianosoituksin tervetulleeksi niin kuin hän olisi ollut Jumalan rakastettu. Silti kenelläkään ei ollut aavistustakaan siitä, millä tavoin avioliitto tulisi toteutumaan. Heidän on täytynyt ajatella, että 'parhaimmillaan Andal menisi temppeliin, missä he suorittaisivat hänelle jonkin seremonian ja kun se olisi ohi, hän palaisi takaisin kotiin isänsä kanssa, olisi onnellinen loppuelämänsä ajan, sillä hän oli nyt naimisissa Jumalan kanssa'. Tähän tapaan he varmaankin ajattelivat, mutta niin ei kuitenkaan tapahtunut.

He menivät temppeliin ja kun Andal näki Sri Raganathanin, tuon jumalkuvan, jota hän ei ollut koskaan aiemmin nähnyt, hänen silmänsä täyttyivät kyynelistä ja hän alkoi säteillä. Hän käveli transsissa temppelin patsaan luo, seisoi sen vierellä ja alkoi loistaa yhä enemmän ja enemmän, kunnes katosi lopulta valoon.

Kaikki seisoivat järkyttyneinä. Erityisesti Periyalwar, joka oli menettänyt tyttärensä. Mutta silloin kaikki selkeni hänelle, hän oivalsi että hänen tyttärensä oli itse Jumalallinen Äiti.

Samalla tavoin tapahtui toiselle naispyhimykselle – Mirabaille. Myös hän oli hulluna Krishnaan ja hänen elämänsä päättyi samalla tavoin. Hän meni Krishna-temppeliin Dwarakassa, lähestyi jumalankuvaa ja sulautui valoon. Niinpä ei ole olemassa Mirabain samadhia, hautaa. Molemmat nämä naismahatmat katosivat samalla tavoin. On olemassa hieno runo, jonka bengalilainen oppilas on kirjoittanut Andalin kunniaksi. Luettuaan Andalin tarinan hän kirjoitti tämän lyhyen runon.

Oi pyhimys, sinun sydämesi syvimmästä,
sen siunatusta lähteestä virtasi kristallinkirkas,
pyhä rakkaus ja hurmio kohti Jumalaa.

Niin kuin lintu, joka levittää siipensä riemusta,
sinä ilmensit palvontasi täyteyttä,
maa ja taivas iloitsivat saadessaan nauttia aina vain
enemmän

sinun laulusi jumalallista säveleestä.

Sinun rakkautesi ei ollut tästä maailmasta,
yhdenkään maallisen naisen sielu ei täyty tuon kaltaisella
kaipuulla,
sinä menit naimisiin suuren Jumalan kanssa.

Tuollainen päämäärä on meidän saavuttamattomissa,
käsityskykymme ulottumattomissa,
ja niin kuin sielu sulautuu sieluun, valonsäde aurinkoon,
niin sinä katosit, oi Mystinen.

Usko Ammaan

Täydellinen usko on Itse-oivallus

Me kaikki tiedämme sen olevan totta, mitä Amma sanoo, että elämän päämäärä on Jumal-oivallus, ja että se onnen jano, joka seuraa meitä kaikkialle, tulee täytetyksi vain Jumal-oivalluksen autuudessa. Koska tämä jano on ääretön, vain jokin joka on ääretön, voi sen sammuttaa. Niinpä mikään äärellinen mitä teemme, joka antaa meille rajallisen nautinnon, ei voi antaa meille sitä täyttymystä jota etsimme. Emmekä voi koskaan lopettaa tuota etsintää. Emme voi koskaan sanoa: 'Olen saanut kyllikseni! Tästä lähtien olen aina onnellinen.' Emme voi olla aina onnellisia, ennen kuin sulaudumme Jumalaan tai oivallamme todellisen Itsemme.

Jotta se olisi mahdollista, Amma sanoo, että tarvitsemme täydellistä uskoa. Itse asiassa täydellinen usko on Itse-oivallus tai Jumal-oivallus. Tämä on itse asiassa melko lailla salaperäinen toteamus. Mitä hän tarkoittaa tällä? Tässä vaiheessa maailma ja keho ovat meille todellisia. Ne ovat meille ainoa todellisuus, joka on olemassa. Jumala tai Atman, Itse ei ole meille olemassa. Ne ovat abstrakteja käsitteitä. Ihmiset käyttävät sanaa 'Jumala' monin eri tavoin ja se onkin suurin piirtein ainoa todellisuus, jonka tunnemme Jumalasta. Se on meille vain sana, ei kokemus. Sitä sanotaan *mayaksi*, kun koemme, että Jumala ei ole todellinen ja että Atmania (Itseä) ei ole olemassa. Kehomme, persoonallisuutemme ja maailma ovat todellisia, mikä tarkoittaa, että olemme *mayan*, kosmisen illuusion alaisia. Sen takia emme koe Jumal-oivalluksen ääretöntä onnea.

40

Amma sanoo, että meidän tulee kehittää itsessämme päinvastaista asennetta, että yksin Jumala on olemassa, että vain Itse on todellinen. Keho, persoonallisuus ja maailma ovat epätodellisia, vain unta kosmisessa olemassaolossa, puhtaassa tietoisuudessa. Ei riitä, että ajattelemme tällä tavoin ja että kasvatamme itsessämme tällaista asennetta. Meidän on myös elettävä niin, mikä on vielä vaikeampaa. Itse asiassa tässä on henkisen elämän pääasiallinen vaikeus. Henkinen elämä ei ole vain sitä, että toistamme mantraamme 108 kertaa aamuin ja illoin, menemme temppeliin, osallistumme *pujaan*, meditoimme, vierailemme pyhissä paikoissa ja näemme Ammaa. Ei. Tässä ei ole vielä kaikki mitä henkinen elämä pitää sisällään. Todellinen henkinen elämä tarkoittaa sitä, että elämme uskomme mukaisesti, elämme sen mukaisesti, että vain Jumala on olemassa ja että yksin Itse on todellinen. Kaikki muu on unta. Sitä on todellinen henkisyys, sitä on todellinen uskonto, sitä on *dharma*, sitä on *tapas* (itsekuriharjoitukset), se sisältää kaiken mitä henkinen elämä on.

Ateisti joka putosi kielekkeeltä

Moni meistä on saattanut kuulla tämän tarinan, mutta se kuvastaa hyvin tätä asiaa. Se on huvittava tarina ateistista, joka juoksi ja putosi kielekkeeltä. Pudotessaan hän sai kiinni oksasta, joka pisti esiin vuoren seinämästä. Hän tarrautui siihen, sillä hänen allaan oli kolmen sadan metrin pudotus rotkoon. Hän murskaantuisi, hajoaisi palasiksi. Pitäessään kiinni oksasta hänen voimansa alkoivat huveta, hänestä tuli yhä heikompi, kunnes hän ei enää jaksanut. Hän yritti löytää jonkin keinon selviytyä ahdingostaan. Lopulta hänen mielensä poikki välähti ajatus: 'Jumala!' Siihen asti hän ei ollut välittänyt Jumalasta eikä hän ollut koskaan ajatellut Jumalaa. Mutta nyt hän ajatteli ja huusi: "Oi Jumala!"

Ei vastausta. Hän ajatteli mielessään: 'Mitä menetettävää minulla on? Minäpä yritän vielä kerran. Ehkä Hän ei kuullut minua.'

"Oi Jumala! Jos pelastat minut, uskon Sinuun koko elämäni ajan. Levitän Sinun loistoasi ympäri maailman!"

Ei vastausta. Täydellinen hiljaisuus.

"Oi Jumala, etkö kuule minua? Jos pelastat minut, tulen todellakin uskomaan Sinuun."

Hiljaisuus. Hetken päästä ukkosen kaltainen ääni kuului laaksosta: "Te kaikki vain sanotte niin, kun olette vaikeuksissa."

Mies oli tohkeissaan: "Ei, ei Jumala. Minä olen erilainen. Teen mitä hyvänsä sanot. Pelasta minut ja julistan Sinun nimeäsi ympäri maailmaa."

"Hyvä on, päästä irti oksasta."

"Mitä? Luuletko, että olen hullu?"

Tällaista oli hänen uskonsa, niin vähän sitä oli. Vaikka hän kuuli Jumalan äänen, hän ei voinut siltikään totella. Hän uskoi liikaa aineelliseen maailmaan.

Tässä on ongelman ydin. Amma sanoo: "Usko Jumalaan. Usko Jumal-oivalluksen saavuttaneeseen Guruun. Kaikki tulee silloin menemään oikein. Tässä on maaginen avain siihen, että voimme tulla täydellisiksi ja onnellisiksi."

Mutta kun meidän tulisi ratkoa käytännöllisiä ongelmia Jumalaan uskomisen näkökulmasta, meidän uskomme valuu kokonaan pois ja huomaamme olevamme jälleen maailmassa. Kaikki on kunnossa niin kauan kuin laulamme bhajaneita tai olemme Amman sylissä. Mutta sitten kaikki tuo haihtuu, jos eteemme tulee ongelma.

Bhagavad-Gita painottaa uskon merkitystä sanoen, että millainen on uskomme, sellaisia me olemme. Jumalan tai Jumal-oivalluksen saavuttaneen sielun näkökulmasta katsottuna voi sanoa, että meidän tasomme määrittyy uskomme syvyyden myötä. Krishna sanoo *Gitassa*:

"Jokaisen usko kuvastaa hänen luonnettaan. Ihminen rakentuu uskonsa varaan. Millainen on ihmisen usko, sellainen hän on."

BG 17:3

Tällaisia me siis olemme. Se mihin ja kuinka paljon uskomme osoittaa millä tasolla olemme henkisessä kehityksessämme. Me kaikki uskomme aina johonkin, sillä kuten pian saamme lukea, Amma sanoo, että emme voi olla olemassa ilman, että uskoisimme johonkin. Meidän elämämme lakkaisi. Minkä tähden?

Usko on tarpeen Jumal-oivalluksen saavuttamiseksi

Eräs ihminen kysyi Ammalta: "Eikö se ole sokeaa uskoa sanoa, että on olemassa Jumala?"

Itse asiassa Amma sanoo, että ei ole olemassa sellaista asiaa kuin sokea usko, koska kaikki usko on sokeaa. Miksi? "Lapset, jokainen elää uskon varassa."

Näin Amma puhuu tästä aiheesta:

"Uskoen siihen, että mitään vahingollista ei ole edessämme otamme seuraavan askeleen. Emme laske jalkaamme maahan, jos meillä on syytä epäillä, että edessämme saattaa olla myrkyllinen käärme. Syömme ravintolassa, koska uskomme että siihen ei liity minkäänlaista vaaraa. Silti on olemassa ihmisiä, jotka kuolevat ruokamyrkytykseen. Eikö totta? Elämästä tulisi mahdotonta, jos emme uskoisi sokeasti. "

"Kun nousemme bussiin, uskomme sokeasti kuljettajaan, vaikka hän onkin meille täysin vieras. Hän on saattanut aiheuttaa useita kolareita. Kuinka monta onnettomuutta sattuu päivittäin busseille ja autoille?

Mikä saa meidät siitä huolimatta matkustamaan jälleen bussilla ja autolla? Usko, eikö totta? Entäpä lentokoneella matkustaminen? Yleensä yksikään ihminen ei selviä hengissä lentokoneen pudotessa, silti uskomme, että lentokapteeni vie meidät turvallisesti määränpäähän." "Ajatelkaamme liikemiestä. Mikä saa hänet aloittamaan liiketoiminnan? Eikö kyse ole uskosta siihen, että hän kykenee ansaitsemaan voittoa? Mitä takuita on olemassa sille, että nämä asiat tapahtuvat sillä tavoin kuin olemme odottaneet? Ei minkäänlaista. Miksi sitten jatkamme kaiken sen tekemistä, mitä teemme? Uskon takia!"

Amma erottaa toisistaan maallisiin asioihin uskomisen ja Jumalaan, henkisyyteen ja Jumal-oivalluksen saavuttaneisiin ihmisiin uskomisen.

"Todellinen usko on kuitenkin erilaista kuin edellä mainittuihin asioihin uskominen. Uskon tulee perustua merkityksellisiin periaatteisiin. Vain silloin sitä voi kutsua uskoksi. Tällaisen uskon avulla esi-isämme elivät pitäytyen Jumalassa. Kukaan heistä ei uskonut sokeasti."

Mitä hän tarkoittaa tällä? Että he eivät pelkästään uskoneet Jumalaan, vaan myös kokivat Jumalan.

"He jotka ovat suoraan nähneet Jumalan todistavat Hänen olemassaolostaan. Heidän todistuksensa ei tule merkityksettömäksi sen takia, että emme ole nähneet Häntä. He jotka ovat nähneet Jumalan kertovat millä tavoin muutkin voivat nähdä Hänet. Ei ole oikein torjua heidän todistustaan seuraamatta heidän ohjeitaan kokeilumielessä. Eikö totta? Eikö kyse ole sokeasta uskosta jos torjumme jonkin kokeilematta sitä ensin?"

Jotkut skeptikot sanovat, että koska jotkut *rishit* tai *mahatmat* sanovat, että he ovat nähneet Jumalan ja että myös minun tulisi seurata heidän ohjeitaan, miksi minun pitäisi uskoa siihen? Mikä todistaa tämän? Mistä tiedän, että he ovat nähneet Jumalan? Onko siitä todisteita? Tällainen kysymys on kuin sanoisimme, että emme usko siihen, kun isoisämme sanoo, että hän on nähnyt oman isoisänsä. Tätä ei voi todistaa, mutta hyväksymme sen mitä hän sanoo. Samalla tavoin meidän tulisi hyväksyä suurten ihmisten ja tietäjien arvovalta, kun he sanovat, että Jumala on olemassa, että he ovat nähneet Jumalan ja että on olemassa tie, joka johtaa Jumalan oivaltamiseen. Usko Jumal-oivalluksen saavuttaneeseen ihmiseen tai mestariin on tärkeää. Siitä alkaa matkamme Jumal-oivallukseen.

"Voidaksemme matkustaa täysin vieraaseen paikkaan, meidän pitää uskoa opasta. Kun näin toimitaan voidaksemme matkustaa täällä maan päällä, miksi vastustaisimme sitä, että uskomme oivalluksen saavuttaneeseen sieluun, jotta voisimme saavuttaa kaikkein hienoimman ja mysteerisimmän Todellisuuden?"

Ole kuin lapsi

Usko on tarpeen voidaksemme oivaltaa Jumalan, mutta ei tässä vielä kaikki. Usko on tarpeen voidaksemme elää laadukasta elämää. Itse asiassa siihen sisältyy täydellisen elämän kehittämisen salaisuus, että uskomme Jumalaan tai Guruun. Amma jatkaa sen seikan selventämistä, miksi asia on näin:

"Usko Jumalaan lahjoittaa ihmiselle sen voiman, jota tarvitaan elämän ongelmien kohtaamiseen. Usko Jumalaan on suojaava voimavara. Se saa ihmisen tuntemaan olonsa turvatuksi ja suojelluksi maailman kaikilta pahoilta vaikutuksilta. Se että uskoo Korkeimman Voiman olemassaoloon ja että elää sen mukaisesti pitää sisällään sen mitä kutsutaan uskonnoksi. Kun meistä tulee uskonnollisia, eettisyys herää meissä, mikä puolestaan auttaa meitä pysyttelemään erossa pahan vaikutuspiiristä. Emme juo, emmekä polta, emme kuluta voimiamme juoruamiseen ja tarpeettomaan jutteluun. Eettisyys tai luonteen puhtaus on henkisyyden kivijalka."

"Usko tuo mukanaan todellisen henkisyyden erilaiset kivijalat, puhumattakaan siitä hyödystä minkä tuo se, että kykenemme pitämään mielemme rauhallisena ja voimakkaana elämän ongelmien keskellä. Meissä kehittyy myös sellaisia luonteenpiirteitä kuten rakkaus, myötätuntoisuus, kärsivällisyys, mielentyyneys ja muita hyviä ominaisuuksia. Ne auttavat meitä rakastamaan ja palvelemaan kaikkia tasa-arvoisesti. Uskonto on samaa kuin usko. Kun uskomme, meissä ilmenee tasapainoisuus, ykseys ja rakkaus. Hän jolla ei ole uskoa, epäilee aina. Hän ei usko ykseyteen eikä rakkauteen. Hän haluaa pilkkoa ja jakaa kaiken. Kaikki on ravintoa hänen älylleen. Hän ei kykene kokemaan rauhaa. Hän on levoton. Hän kyselee alati, sen tähden hänen koko elämänsä perusta on epävakaa ja hajallaan johtuen hänen uskon puutteestaan Korkeimpaan."

Luemme *Bhagavatamia*, *Ramayanaa*, *Mahabharataa* ja muita vanhoja tarinoita, joita pyhimykset ovat kirjoittaneet tuhansia vuosia sitten. Rishit sanovat, että meidän ei pitäisi lukea näitä kirjoja älyllä. Meidän ei tarvitse yrittää ymmärtää näiden tarinoiden tarkoitusta tai sisäistä merkitystä. Meidän tulisi lukea niitä niin kuin lapset lukevat lasten tarinoita, koska se puhdistaa meidän mieltämme ja tekee meistä viattomia kuin lapset. Kun Amma tulee tänne, hän painottaa aina uudelleen, että olemme liikaa päässä. Emme ole onnellisia, koska meidän sydämemme on kuiva. Ajatteleminen, ymmärtäminen ja tietäminen pohjautuvat älyyn. Meiltä puuttuu tunnetta, emme käytä sitä. Älyssä ei ole mitään vikaa, tarvitsemme sitä, mutta elämän keskiön ei tulisi olla siinä,vaan sydämessä. Siellä Jumala asuu. Siellä Atman säteilee. Siellä ovat tunteemme. Äly on vain meidän apurimme ja sen tulisi noudattaa sydämen ohjeita. Lapset elävät sydämessä. Heidän älynsä ei ole vielä kehittynyt. Mitä Jeesus sanoikaan?

"Ja totisesti minä sanon teille, jollette muutu ja tule lasten kaltaisiksi, ette pääse Jumalan valtakuntaan."[5] Taivasten valtakunta on viattomuuden henkinen tila, joka koetaan, kun mieli on puhdas. Kaikki pyhimykset ovat sanoneet samaa.

Kun Jumala elää sinussa

"Ken omaa todellisen uskon on vakaa. Ken harjoittaa uskontoa, elää rauhassa."

Meidän pitäisi muistaa, että kun Amma käyttää sanaa 'uskonto', hän ei tarkoita vain sitä, että kuuluu johonkin tiettyyn uskontoon tai että uskoo sellaiseen. Hän tarkoittaa, että vaikka joku ei virallisesti kuuluisi mihinkään uskontoon, niin se että uskoo Jumalaan tai henkisiin periaatteisiin tai jumalalliseen olentoon tarkoittaa sitä, että hän elää uskonnollista elämää. Hän sanoo myös: "Henkilö, jolla on uskoa uskoo yhtenäisyyteen, rakkauteen ja rauhaan, eikä jakolinjoihin ja kiistoihin."

Amma ei puhu uskonnosta ahdaskatseisessa mielessä vaan kaikkein laajimmassa mielessä.

"Johtuen uskon puutteesta Korkeimpaan Voimaan, niillä joilla ei ole uskoa ei ole mitään mihin he turvautuisivat

---

[5] Matt. 18:3. Suomen kielisessä käännöksessä sanotaan: Totisesti minä sanon teille, jollette käänny ja tule lasten kaltaisiksi, ette pääse taivasten valtakuntaan." Englanninkielinen käännös puhuu muuttumisesta, ei kääntymisestä (kääntäjän huomautus).

ja mille he antautuisivat, kun he joutuvat vaikeuksien keskelle. Mitä taas uskovaiseen tulee, niin hänelle Jumala on Korkein Olento. Jumala on kokemus. Jumala elää meissä. Pyyteetön rakkaus, myötätunto, kärsivällisyys ja luopuminen ilmenevät meissä uskoessamme Korkeimpaan Olentoon."

Tämä on kaunis toteamus. Amma sanoo, että kun ilmaisemme tällaisia ominaisuuksia kuten pyyteetöntä rakkautta, mikä tarkoittaa rakkautta haluamatta mitään vastalahjaksi, tai myötätuntoa, kärsivällisyyttä tai itsensä uhraamista, sillä hetkellä Jumala loistaa meissä. Jumala on jo meissä, mutta Jumala alkaa loistaa meidän kauttamme ja Jumalan läsnäolo alkaa ilmentyä meissä. Alamme kokea tällaisen elämäntavan hyödyt. Vaikka kyse olisi vain pienestäkin hetkestä, saamme tuntea puhdasta onnea, ei onnen tunnetta joka syntyy siitä että saamme jotakin, nautimme ja otamme, vaan hienostunutta onnea, joka on seurausta laajentumisesta ja sydämen avautumisesta. Tämän saavutamme kehittämällä itsessämme henkisyyden periaatteita ja ominaisuuksia.

"Jos uskoa omaamattomalla on näitä luonteenpiirteitä, hän saa kaikki samat hyödyt kuin uskovainenkin. En tarkoita uskovaisella jotakuta, joka uskoo Jumalaan tai Jumalattareen vaan häntä, joka arvostaa korkeampia ihanteita ja on valmis uhraaman kaiken niiden eteen. Jos uskoa omaamaton elää elämäänsä näiden periaatteiden mukaisesti, hän on tasa-arvoinen uskovaisen kanssa. Toisaalta jos nämä ominaisuudet ilmenevät vain ulkoisesti ja ovat pinnallisia, eivätkä syvällisiä, silloin ihminen ei saa osakseen todellisen uskovaisen hyötyä. Usein he joilla ei ole uskoa puhuvat, mutta eivät harjoita puheitaan käytännössä. He ovat pintapuolisia ja vain puhuvat tehdäkseen vaikutuksen. Heillä ei ole mitään mihin voisivat tukeutua. Heillä ei ole uskoa maailmankaikkeuden korkeimpaan hallitsijaan, joka pelastaa heidät elämän vaikeuksien keskeltä."

Jobin tarina

Vanhassa testamentissa on kaunis tarina, Jobin tarina. Moni meistä tuntee Jobin tarinan, mutta siihen palaaminen on hyödyllistä. Job oli erittäin hyveellinen ihminen. Hän oli erittäin rikas. Hän oli itse asiassa asumansa paikkakunnan rikkain mies. Hänellä oli tuhansia lehmiä, tuhansia lampaita, kymmenen tuhatta kamelia ja paljon rahaa ja maata. Hänellä oli lisäksi kymmenen lasta. Eräänä päivänä eräässä korkeammassa maailmassa oli meneillään tapaaminen. Jumala istui siellä ja myös monia pienempiä jumalia ilmestyi sinne, samoin kuin demonisia olentoja – heidän päällikkönsä oli Saatana niin kuin häntä Raamatussa kutsutaan. Hindu-perinteessä ei ole olemassa korkeinta demonia, sen sijaan on useita hyvin pahoja olentoja. Hän oli varmaankin yksi heistä. Ehkäpä Saatana on jonkin demonisen joukkion, tuonpuoleisen maailman mafiajohtaja. Hänellä ei varmaankaan ole teräviä korvia ja terävää häntää, mutta varmastikin hän on melko kauhistuttava näky.

Jumala kysyi häneltä: "Saatana, missä olit tänään? Oliko mitään erityistä meneillään?"

"Minä olin maan päällä", Saatana vastasi. "Liikuin ympäriinsä tarkkaillen, voisinko tehdä jossakin ilkivaltaa."

"Näitkö palvelijaani, Jobia? Hän on paras palvelijani. Itse asiassa hän on paras ihminen maan päällä. Näitkö häntä?"

"Näin minä hänet. Mitä erityistä hänessä on? Sinä maksat hänelle runsaskätisesti. Miksi hän ei palvoisi Sinua? Olethan antanut hänelle niin paljon omaisuutta, kameleita ja lapsia. Hänellä on kaikkea. Miksi hän ei palvoisi Sinua? Jos todella haluat todistaa hänen arvonsa, ota häneltä kaikki hänen omaisuutensa."

"Hyvä on. Mene ja tee hänelle mitä haluat, mutta älä vahingoita häntä fyysisesti."

Niinpä Saatana palasi maan päälle. Ja mitä sitten tapahtuikaan?

Seuraavana päivänä, kun Job istui talossaan, hän sai kuulla, että salama oli iskenyt hänen karjaansa ja kaikki oli tuhoutunut. Naapuriheimon jäsenet olivat ryöstäneet hänen lampaansa ja kamelit olivat kuolleet juotuaan myrkytettyä vettä. Eikä siinä kaikki, aivan niin kuin tässä ei olisi ollut jo tarpeeksi pahaa, kaikki hänen lapsensa olivat olleet hänen veljensä talossa, kun tornado oli iskenyt sinne ja kaikki olivat kuolleet.

Mitä Job sanoi tässä vaiheessa? Mitä me olisimme sanoneet, jos tämä olisi tapahtunut meille? Todennäköisesti emme sitä mitä hän sanoi!

Hän nimittäin sanoi: "Alastomana minä tulin äitini kohdusta ja alastomana minä lähden. Herra on antanut ja Herra on ottanut. Siunattu olkoon Herran nimi!"

Tällainen oli Jobin asenne. Sen tähden Jumala piti häntä suurimpana palvojanaan.

Seuraavana päivänä Saatana tuli jälleen keskustelemaan Jumalan kanssa. Jumala kysyi häneltä: "No, mitä tapahtui? Näitkö Jobia? Mitä teit?"

"Kyllä minä näin hänet. Hän voi aika hyvin vaikka Sinä tuhositkin hänen väkensä. Mutta siinä oli vain hänen omaisuutensa. Vahingoitapa hänen kehoaan ja tulet näkemään kuinka suuri palvoja hän on! Luulenpa, että hän kiroaa Sinut."

"Hyvä on. Voit mennä ja tehdä mitä haluat, mutta älä tapa häntä."

Niinpä Saatana meni alas ja tartutti Jobiin märkäruven. Koko hänen kehonsa päästä varpaisiin oli täynnä märkiviä paiseita. Tiedämmehän kuinka tuskallista on, jos meillä oli yksikin märkivä paise jossakin kohtaa. Hän oli paiseiden peitossa. Ne alkoivat puhjeta ja niistä valui mätää. Matoja alkoi ryömiä haavoissa. Hän oli todella pahassa kunnossa ja tätä jatkui kuukaudesta toiseen. Jos kärsimme tällä tavoin kuukausikaupalla, mitä tapahtuu? Uskomme alkaa heikentyä. Jotkut ystävät tulivat lohduttamaan Jobia. He olivat saaneet kuulla, että hän oli menettänyt kaiken. Hän oli menettänyt omaisuutensa, karjansa ja lapsensa. Hänellä ei ollut enää mitään. Vain hänen vaimonsa oli siellä ja talo missä hän asui, sen lisäksi hän oli kuolettavan sairas. He yrittivät lohduttaa häntä, mutta ei siitä ollut apua. Lopulta he sanoivat: "Sinun on täytynyt tehdä paljon pahaa, koska joudut kärsimään tuolla tavoin."

On ymmärrettävää, että kun näemme jonkun kärsivän, ajattelemme: 'He ovat tehneet paljon pahaa karmaa, niinpä he kärsivät tällä tavoin'.

Mutta Raamatussa ei sanota, että he olisivat uskoneet menneisiin elämiin. Me synnymme kerran ja kuolemme, siinä kaikki. Emme synny enää uudelleen. Niinpä Job ajatteli: 'Mitä olen tehnyt tässä elämässä? En ole tehnyt mitään väärää. Miksi he syyttävät minua tällä tavoin?'

Ystävät sanoivat: "Jos kadut kaikkea pahaa, jota olet tehnyt, jos myönnät sen Jumalan edessä, kaikki tulee olemaan hyvin. Kaikki paha katoaa."

Job ajatteli: 'En ole tehnyt mitään pahaa. Miksi he puhuvat tuolla tavoin? Ovatko he ainoita, jotka tietävät jotakin? Olenko minä tyhmä? Minäpä opetan teille muutamia asioita Jumalan tavoista. Te ajattelette, että olette niin viisaita, että tiedätte kaiken.'

Hän alkoi valittaa Jumalalle. Tämä on mielenkiintoista, sillä ne meistä, jotka ovat joutuneet kärsimään paljon, olemme saattaneet tehdä samalla tavoin. Näin saattaa käydä, jos uskomme ei ole voimakas. Mitä Job siis sanoi?

"Oi Jumala, olenko minä jonkinlainen hirviö, koska Sinä kidutat minua tällä tavoin? Olet vienyt minulta perheeni ja

omaisuuteni ja olet tehnyt minusta pelkkää luuta ja nahkaa niin
sanottujen pahojen tekojeni takia. Minä elin rauhassa, kunnes
Sinä mursit minut. Sinä olet ottanut minua niskasta kiinni ja
murskannut minut palasiksi. Ja sitten olet roikottanut minua maa-
litauluna antaen jousimiestesi lähettää nuolensa minua kohden."
    "Silti minä olen viaton! Et edes anna minun nukkua rauhassa
vaan annat minun nähdä painajaisia! Pitääkö Sinun testata minua
päivän jokaisena hetkenä? Olenko minä loukannut Sinua, oi kaik-
kivoipainen! Ja jos syytät, että olen tehnyt jotakin väärää, mitä
voin sanoa siihen? En voi edes puolustautua Sinun syytöksiäsi
vastaan, koska Sinä et ole ihminen niin kuin minä. Emmekä voi
keskustella tästä reilusti, sillä välillämme ei voi olla sovittelijaa."
    "Älä vain kiduta minua! Kerro minulle miksi teet tämän. Sinä
olet luonut minut ja olet nyt tuhoamassa minua. On parempi,
että kuolen."
    Ystävilleen hän sanoi: "Mitä onnettomia lohduttajia te olet-
tekaan! Mitä sellaista olen sanonut, joka saa teidät puhumaan
noin loputtomasti? Tiedättekö te kaiken? Onko teillä yksinoikeus
viisauteen? Enkö minä tiedä mitään? Lakatkaa syyttämästä minua
pahoista teoista! Minä kyllä tiedän mikä on oikein ja mikä väärin!"
    Ei hän syyttänyt Jumalaa, mutta hän oli tekemäisillään niin,
vain hiuskarvan päässä siitä.
    "Minkä tähden kohtelet minua näin? Sinä olet luonut minut
enkä pistäisi pahaksi jos voisit nyt lopultakin kertoa, miksi kärsin
tällä tavoin. Miksi minun on kärsittävä, jos en saa tietää miksi
kärsin? Ja mitä hyötyä tästä kaikesta on?"
    Näin meille kaikille käy. Tällaiset epäilykset täyttävät mie-
lemme, kun uskomme heikkenee.
    Jobin ego, hänen ylimielisyytensä, ylpeytensä ja kaikki hänen
huonot ominaisuutensa, jotka ovat meidän kaikkien sisällä,
nousivat pintaan kärsimyksen voimasta. Ja juuri siksi joudum-
me kärsimään, jotta kaikki tuo voi tulla pintaan. Kun se nousee

esille, jos tiedämme kuinka käsitellä sitä, jos ymmärrämme mitä tapahtuu ja päätämme, ettemme anna tälle otetta, emme anna tämän tapahtua toistamiseen, silloin vapaudumme siitä. Meidän mielestämme tulee puhdas kuin mustepullosta, jota on pesty niin kauan, että siitä on tullut lopulta puhdas. Kun kaikki sisällä oleva epäpuhtaus, joka on ollut piilossa alitajunnassa, tulee kärsimyksen takia ulos, sen jälkeen Jumalan rauhallinen läsnäolo voi säteillä meissä.

Lopulta kun tuuli oli puhaltanut tarpeeksi hänen egonsa purjeisiin, Jumala sanoi: "Miksi turvaudut tietämättömyyteesi kieltääksesi Minun viisauteni? Kaikki nämä tietämättömyyteen perustuvat väitteesi antavat vaikutelman, että Minä en tiedä mitä olen tekemässä sinulle. Mitä sinä tiedät? Valmistaudu taisteluun, sillä nyt vaadin sinulta muutamia vastauksia ja sinun on vastattava."

"Missä sinä olit, kun Minä loin perustan maalle? Tiedätkö miten maan mittasuhteista päätettiin ja kuka kartoitti tilanteen? Tiedätkö kuka toimi insinöörinä? Kuka päätti valtamerien rajoista? Onko kuoleman portin sijainti paljastettu sinulle? Kuka kaivoi laaksot ja kuka loi auringon? Kuka sai aikaan salamaniskut ja sateen? Kuka lahjoittaa intuition ja vaiston? Kuka antaa eläimille pienokaisensa?"

"Haluatko yhä kiistellä kanssani? Onko sinulla, Jumalan arvostelijalla, vastausta?"

Mitä sanoisimme, jos kuulisimme tällaisen äänen puhuvan? Jos olisimme oppineet oppiläksymme, sanoisimme niin kuin Job sanoi: "Minä en ole mitään. Kuinka voisin koskaan löytää näihin kysymyksiin vastauksia? Laitan käden suuni eteen ja vaikenen. Olen jo sanonut liikaa."

Jumala ei lopettanut. Hän näki, että Jobissa oli vielä egoa jäljellä, niinpä Hän sanoi: "Nouse seisomaan ja taistele kuin mies! Annapas kun kysyn sinulta vielä muutamia kysymyksiä. Tuomitsetko Minut ja oikeuteni ilman taistelua?" "Olen pahoillani, Herra, en tiedä mitään. Tuskissani sanoin monia sopimattomia asioita. Armahda minua, lastasi." Jumala oli nyt tyytyväinen. Jobista tuli todella nöyrä. Hänestä tuli niin kuin lapsi. Se on vaikeuksien tarkoitus. Se on kärsimyksen tarkoitus. Sen tarkoituksena on tehdä meistä nöyriä kuin lapset, jotta usko voisi kukoistaa meissä ja voisimme kokea jumalallisen läsnäolon autuutta.

Sen jälkeen Jumala siunasi häntä, jotta hän saisi maansa ja eläimensä takaisin. Hän sai vielä toiset kymmenen lasta ja eli 140- vuotiaaksi. Hän näki jopa lastenlastensa lapset ja kuoli sitten rauhallisesti.

Jos joudumme kärsimään – ja jokainen meistä joutuu kärsimään ei ole olemassa ketään, joka ei kärsisi tavalla tai toisella – meidän ei pitäisi kirota Jumalaa, Gurua tai Ammaa. Meidän pitäisi muistaa, että kärsimyksen tarkoitus on puhdistaa meidät, tehdä meistä nöyriä, jotta voisimme saada uskoa ja voisimme nauttia Jumal-oivalluksen autuudesta.

Bhagavad-Gitassa yksi viimeisimpiä asioita, mitä Krishna sanoo, on:

"Hän, joka on täynnä antaumusta ja vapaa pahantahtoisuudesta, joka pelkästään kuuntelee ja noudattaa tätä pyhää vuorokeskustelua, vapautuu maallisista synneistä ja saa oleilla hyveellisten siunatussa taivaassa."

BG 18:71

Jos seuraamme uskon tietä täydesti, saavutamme jumalallisen maailman ja sulaudumme Jumalaan.

Tahdonvoiman kehittäminen

Nyt on uudenvuoden aatto. Perinteen mukaan lännessä tehdään silloin uudenvuoden lupauksia. Meidän ei tule ajatella, että tämä olisi pelkästään perinne. Itse asiassa se on henkinen perinne. Tämä ei siis ole yksin länsimainen tapa, joka liittyy uuteenvuoteen. Meidän jokaisen tulisi joka päivä tarkkailla mikä meidän mielessämme on hyvää ja mikä pahaa, mikä vie meitä eteenpäin ja mikä taaksepäin. Kun sitten käymme illalla nukkumaan, meidän pitäisi tehdä päätös, että huomisesta päivästä tulkoon parempi. Ja kun heräämme aamulla, meidän pitäisi ajatella: 'Tänään voitan heikkouteni ja kehitän itsessäni hyviä ominaisuuksia.'

Uudenvuoden aattona jokainen hylkää pahat tapansa ja päättää, että huomisesta alkaen lupaan kehittyä. Mutta vaikka päätämme, että vapaudumme kielteisistä ominaisuuksistamme, *vasanoistamme*, huomaamme, että päätöksemme ei kestä kovin pitkään. Niin yleensä käy uudenvuoden lupausten kanssa. Miksi ne eivät kestä pitkään? Siihen on olemassa useita syitä ja siitä puhumme tänään.

Vasanat ovat kuin karhu

Suurin syy tälle on siinä, että tahdonvoimamme ei ole kovin vahva. Mielemme on heikko. Tahdonvoima tarkoittaa sitä, että kykenemme toteuttamaan käytännössä hyvät pyrkimyksemme. Mutta me emme yleensä kykene tekemään näin. Miksi? Koska mielemme ajautuu helposti harhateille. Tätä varten henkiset harjoitukset ovat olemassa. Saatamme haluta päästä eroon pahasta tavasta, mutta paha tapa ei halua jättää meitä.

Kerran kaksi köyhää sadhua ui joen poikki, kun he näkivät jonkin ajelehtivan heitä kohti. Toinen sadhuista ajatteli: 'Se on huopa. Sepä hienoa! Saan itselleni huovan. Minulla ei olekaan sellaista!' Hän sai siitä otteen, mutta sekä hän että huopa ajelehtivat jokea alaspäin.

"Tulehan!" sanoi toinen sadhu. "Meidän pitää ylittää joki. Päästä siitä esineestä irti!"

Itse asiassa se mitä hän luuli huovaksi, olikin karhu. Niinpä mies huusi ystävälleen: "Haluaisin laskea siitä irti, mutta se ei päästä minua!"

Vasanat ovat tällaisia. Haluamme päästää niistä irti, mutta ne eivät päästä meistä otetaan, sillä olemme kasvattaneet niitä monien vuosien ajan, olemme ruokkineet niitä, pitäneet niitä hyvänä ja suukotelleet niitä, niinpä ne eivät päästä meitä niin helpolla.

Tässä yksi ehdotus, kuinka voimme vapautua *vasanoista*. Kun ne nousevat pintaan, lyö niitä säälimättä. Ei tietenkään kepillä tai millään sellaisella, koska ne ovat olemassa vain aineettomina, hienosyisinä mielessä.

Joku jolla on apina ja joka aina silittää, suukottaa ja halaa sitä, ei oivalla että se on eläin, joka saattaa jonakin päivänä purra häntä. Sitten hänen ystävänsä tulee ja sanoo: "Etkö tiedä, että se voi purra sinua? Sinun ei pitäisi silitellä sitä tuolla tavoin."

Ottaessaan tämä neuvon tosissaan tämä ihminen sanoo apinalle seuraavan kerran, kun se tulee: "Ei! Ei! Valitan, mutta et voi hypätä päälleni! Et voi suukottaa minua enää!"

Apina kuitenkin hyppää hänen päälleen omaa ymmärtämättömyyttään. Meidän *vasanamme*, kielteiset ominaisuutemme ovat tällaisia. Saatamme päättää: 'En enää toimi näin tai en enää puhu siten tai katso sinne tai en enää syö sitä'.

Olemme tehneet päätöksen, mutta *vasanat* eivät tiedä siitä mitään. Joten kun näemme kakunpalan, syömme sen tai kun ihminen josta emme pidä tulee luoksemme, sanomme jotakin ajattelematonta, koska olemme tehneet niin jo niin monta kertaa aiemmin. Eivät vasanamme tiedä päätöksestämme, ne kun ovat vain tottumuksia. Meidän pitää sen tähden lyödä niitä lujaa. Jos emme halua, että apina hyppää päällemme, meidän täytyy ehkä lyödä sitä. Se ei ole julmaa. Meidän täytyy antaa sille opetus. Ja jos se hyppää päällemme uudelleen, meidän täytyy lyödä sitä uudelleen. Meidän pitää olla armottomia pyrkiessämme poistamaan joitakin pahoja tapojamme. Ne palaavat yhä uudelleen ja uudelleen, kunnes ne ymmärtävät ja pysyttelevät poissa.

Yksi syy sille, miksi meillä ei ole mielen voimaa, on siinä että emme ole tosissamme. Jos emme ole tosissamme mielemme kouluttamisen suhteen, on hyvin vaikeaa voittaa mieltä. Kyse on kokopäiväisestä työstä. Emme voi ottaa ensin yhtä askelta eteenpäin ja sitten kymmenen askelta taaksepäin ja olettaa, että mielemme voisi sillä tavoin saavuttaa keskittyneisyyttä ja rauhaa. Mieli, joka on hallittu ja voimakas, on mieli joka on rauhallinen ja onnellinen. Niinpä meidän tulee olla riittävän tosissamme saavuttaaksemme sen. Siksi ihmiset tekevät uudenvuoden lupauksia eivätkä onnistu pitämään niitä. He eivät ole vakavissaan niiden suhteen. Heistä tuntuu juuri tänään tältä, mutta ei enää samalta huomenna tai ylihuomenna.

Henkiselle ihmiselle ei riitä, että hän toimii niin vain tänään, huomenna ja ylihuomenna. Meidän tulee pyrkiä puhdistamaan mieltämme jokainen minuutti viimeiseen henkäykseemme asti. Siitä on kyse. Mielen puhtaudesta. Mielen puhtaus tarkoittaa kykyä hallita mieltä ja saada se tekemään mitä me haluamme, eikä niin että mieli tekee mitä se haluaa. Tämä tarkoittaa kykyä olla ajattelematta, olla ajatuksista vapaassa tilassa, pelkässä tietoisuudessa, rauhallisessa tarkkaavaisuuden tilassa ilman ajatuksia.

Voimme ajatella, jos haluamme, mutta meidän ei tarvitse olla avuttomia ajatusten vallassa.

Egon painon tunteminen

Meidän on saavutettava vaihe, jossa koemme: 'Minun mieleni ja kaikki nämä huonot tottumukseni ovat raskas taakka. Kuinka raskaita ne ovatkaan! Kuinka ne aiheuttavatkaan minulle kärsimystä!' Ennen sitä meissä ei synny riittävää vakavuutta. Meidän täytyy saavuttaa vaihe, missä koemme, että ego on taakka. Ei puhdas ego, sillä puhtaassa egossa ei ole mitään vikaa. Puhdas ego auttaa meitä, mutta kielteisen egon, joka on täynnä huonoja ominaisuuksia, pitää poistua. Joudumme toteamaan: "Taas minä sanoin sillä tavoin! Taas minä toimin niin!" Kun joudumme kokemaan sen kärsimyksen, jonka impulsiivinen käyttäytymisemme aiheuttaa, meistä tulee vakavia.

Ammalla on sanansa sanottavana tästä:

"Jos päämääräsi on oivaltaa Korkein, sinusta pitää tulla täysin egosta vapaa. Se edellyttää ponnistelua. *Sadhakan* tulee rukoilla vilpittömästi kielteisten ominaisuuksiensa poistumista. Hänen tulee kilvoitella ahkerasti. Tällaisen rukouksen tarkoituksena ei ole saavuttaa mitään tai täyttää jotakin toivetta. Se tarkoituksena on mennä saavutusten tuolle puolen. Ylittää kaikki halut. Kyse on *sadhakan* voimakkaasta halusta palata alkuperäiseen ja todelliseen olemukseensa. Hän tuntee ja tulee tietoiseksi oman egonsa taakasta, ja tämä tunne synnyttää hänessä voimakkaan halun vapautua tästä raskaasta taakasta. Tämä kaipuu ilmenee rukouksena. Toinen rajoittunut olento ei voi poistaa meidän egoamme rukoilemalla. Siihen tarvitaan omaa ponnistelua ja täydellisen mestarin ohjausta."

Toisinaan ihmiset sanovat, että "Rukoile minun puolestani!" Amma sanoo, että rukoukset auttavat kaikkeen muuhun, mutta eivät egosta vapautumiseen. Voimme rukoilla toisten terveyden, omaisuuden tai hyvinvoinnin puolesta, mutta kun kyse on egon poistamisesta, jokaisen tulee huolehtia siitä itse. Kukaan muu kuin guru ei voi poistaa sitä.

"Toisen rajoittuneen olennon rukoukset eivät auta siinä. Egon kanssa työskentely tai mielen tyhjentäminen helpottuu jumalallisen mestarin seurassa. Vaikka Amma onkin sanonut, että toisen rukous ei voi poistaa toisen egoa, valaistuneen gurun pelkkä ajatus, katse tai kosketus voi saada aikaan valtavan muutoksen opetuslapsessa. Todellinen mestari voi halutessaan jopa antaa opetuslapselle tai seuraajalleen Itse-oivalluksen. Hän voi tehdä mitä tahansa hän haluaa. Hänen tahtonsa on yhtä Jumalan tahdon kanssa. Vähäpätöisten toiveiden täyttymisen puolesta rukoileminen tarkoittaa, että olet kiintynyt omaan mieleesi, sen riippuvuuksiin ja vastenmielisyyden tunteisiin. Eikä siinä kaikki, se lisää ennestään meillä jo oleviin *vasanoihin*."

Puhumme tottumuksista, *vasanoista*, erityisesti huonoista tottumuksista. Kun käytämme rukousta apunamme mielen hallitsemisessa tai mielen puhdistamisessa, meidän pitäisi rukoilla kaikkein korkeinta asiaa, ei pienempiä asioita, koska pienemmät asiat vain lisäävät halujamme, *vasanoitamme*. Se vain tarkoittaa, että rukoilemme Jumalaa lisäämään kahleitamme ja kärsimystämme, kun rukoilemme jotakin vähäisempää kuin Jumal-oivallusta. Jos niin valitsemme, ei siinä ole mitään väärää. Mutta jos päämääränämme on oivaltaa Jumalan autuus, jos koemme sen korkeimmaksi tavoitteeksemme, silloin meidän pitää rukoilla vain sitä.

"Uusia haluja, uusia maailmoita syntyy. Sen lisäksi pitkität vihasi, himosi, ahneutesi, kateutesi, harhojesi ja muiden kielteisten ominaisuutesi muodostamia kahleita. Jokainen halu tuo mukanaan nuo kielteiset tunteet. Täyttymättömät toiveet aiheuttavat vihaa. Sen sijaan, jos rukoilet puhdistautumisen puolesta Itse-oivalluksen synnyttämiseksi tai saavuttaaksesi tietoisuuden Itsestä, *vasanat* tuhoutuvat. Tällainen rukous muuttaa tyystin näkemyksesi elämästä. Vanha ihminen kuolee ja uusi syntyy. Sen sijaan vähäpätöisten toiveiden rukoileminen ei saa aikaan minkäänlaista muutosta persoonallisuudessa. Hän, joka rukoilee tällä tavoin, säilyy samanlaisena. Hänen asenteessaan ei tapahdu mitään muutosta."

Monet sanovat, että "Olen rukoillut Jumalaa monia vuosia enkä silti ole kehittynyt henkisesti. Käyn kirkossa joka viikko, joka sunnuntai."

Miksi? Miksi he eivät kehity? Yksi syy sille on, että heidän mielensä on edelleen Amman sanoin 'vähäpätöisten halujen' vallassa, eikä korkeimmassa halussa Jumalan suhteen.

Mielen hallinta, joko rukoilun tai muiden keinojen avulla, ei ole tarkoitettu vain meille, vain oppilaille, vain henkisille ihmisille. Se on tarpeen kaikille. Sillä jos emme voi hallita mieltämme, emme voi menestyä. Mielemme harhautuu monien häiriötekijöiden takia, emmekä kykene saavuttamaan sitä päämäärää, jota tavoittelemme.

Joogan askeleita

Moni meistä on saattanut kuulla *Jooga-sutrista*, meditaation arvovaltaisimmasta pyhästä tekstistä. Suuri pyhimys nimeltä Patanjali kirjoitti sen kaksituhatta vuotta sitten. Yksi ensimmäisistä säkeistä sanoo: *yogas cittavritti nirodha*, joka tarkoittaa: jooga on mielenliikkeiden hallitsemista. Tässä on joogan todellinen merkitys.

Tänä päivänä jooga on alkanut tarkoittaa vain joogaliikkeiden harjoittamista. Mutta joogaliikkeiden ja muiden joogan menetelmien todellinen tarkoitus on hallita mielen aaltoja, saada mieli hiljenemään, tehdä mielestä täydellisen rauhallinen. Joogan menetelmässä mielen hallitsemiseksi on erilaisia askelmia. Moni meistä on tietoinen noista askelmista, mutta ajattelin että puhuisimme hieman niistä tänään. Palaamme joskus niihin vielä syvällisemmin. Jos haluamme saavuttaa tietyn päämäärän, meidän tulee noudattaa tarvittavia menetelmiä. Tämä periaate pätee yhtä hyvin mielen rauhan saavuttamiseen. Sitä ei voi saavuttaa puolinaisin toimenpitein. Tulee noudattaa tämän alan tiedettä. Joogan tiede sanoo, että ensimmäiset askeleet ovat nimeltään *yama* ja *niyama*. Niillä tarkoitetaan rajoituksia. Vältettäviä asioita kutsutaan *yamaksi*, noudatettavia asioita *niyamaksi*. Kyse on henkisen elämän käskyistä ja kielloista. Monet ihmiset meditoivat, lukevat henkisiä kirjoja ja tekevät paljon muutakin, mutta eivät noudata *yamaa* ja *niyamaa*. Se on sama kuin jättäisi perustuksen tekemättä ja rakentaisi talon hiekalle. En tiedä kuinka monen ihmisen olenkaan kuullut tulevan Amman luo sanoen: "Amma, olen meditoinut kolmekymmentäviisi vuotta, mutta en ole saanut minkäänlaisia kokemuksia."

Miksi? Koska perustus on jätetty tekemättä. Meditointi ei yksin riitä. Bhajanien laulaminen ei yksin riitä. Perustaa – *yamaa* ja *niyamaa* – tulee rakentaa myös ja jos siitä huolehditaan, jos perusasioita noudatetaan oikealla tavalla, seuraava askelma tapahtuu itsestään. Meditaatio seuraa itsestään. Ei tarvita erityistä ponnistusta sen suhteen. Tämä ei tarkoita, että meidän ei tarvitsisi harjoittaa meditaatiota. Meidän pitäisi meditoida, mutta samaan aikaan meidän ei pitäisi laiminlyödä perusasioita, perustan luomista.

Mitä ovat *yamat*?

Ahimsa – väkivallattomuus

Satya – totuudellisuus
Asteya – varastamattomuus
Brahmacharya – pidättyvyys
Aparigraha – ahnehtimattomuus

Väkivallattomuus tarkoittaa lyhyesti sanottuna sitä, että ei satuta mitään elävää olentoa ajatuksilla, sanoilla tai teoilla. Ajattele, jos voimme saavuttaa täydellisyyden edes tässä yhdessä hyveessä, kuinka paljon puhtaampi mielemme olisikaan, kuinka tehokkaasti *vasanamme* poistuisivat!

Satya tarkoittaa totuudellisuutta. Totuudellisuus ei tarkoita vain sitä, että emme valehtele. Totuudellisuus on puhetta, joka auttaa meitä ja muita kulkemaan kohti totuutta. Jos kyse on epämiellyttävästä totuudesta, pyhät kirjoitukset sanovat, että meidän ei tulisi sanoa sitä. Meidän ei pitäisi totuudellisuuden nimissä kulkea ympäriinsä kertomassa ihmisille heidän puutteistaan. Ihmiset toimivat tällä tavoin varsin yleisesti. Se aiheuttaa toisissa kivuliaan kokemuksen, se on vahingollista, ja siksi niin ei tule tehdä. Niinpä meidän ei pitäisi kertoa epämiellyttäviä totuuksia. On parempi vaieta kuin synnyttää toisessa tällaisia tuntemuksia.

Jotkut kysyvät: "Eikö minun pitäisi sanoa totuutta? Eikö minun pitäisi kertoa heille, että he tekevät väärin? Ei, emme sano, ellei toinen kysy. Jos kysymys esitetään meille, jos hän luottaa meihin, silloin voimme sanoa hänelle, sillä se ei herätä hänessä kielteistä tunnetta. Hän ei suutu. Muussa tapauksessa asia ei kuulu meille. Meidän tulee huolehtia omista asioistamme!

Asteya tarkoittaa sitä, ettei varasta, että ei edes ajattele, että olisipa kiva saada tuo esine, joka kuuluu toiselle, saatikka sitten että oikeasti ottaisimme sen. Jos pidämme siitä, voimme hankkia sellaisen, mutta emme ottaa toisen omaa.

Brahmacharya tarkoittaa seksuaalista pidättyvyyttä. Pidättyvyys tarkoittaa sitä, että kehon, mielen ja sanojen tasolla mielemme keskittyy Jumalaan eikä seksuaalisuuteen. Tämä pitää sisällään jopa mielen ja aistien herkimmät liikahdukset. *Aparigraha* tarkoittaa ahnehtimattomuutta. Mikä on tarpeen minulle? Haluan vain sen verran. En tahdo enempää kuin sen, sillä enemmän tarkoittaa työtä ja stressiä ja elämän tarpeetonta hukkaamista. Toinen tapa ilmaista asia on sanoa, että elämme yksinkertaisesti, harjoitamme yksinkertaisuutta.

Saatamme kokea, että kun olemme noudattaneet näitä sääntöjä jonkin aikaa se riittää. Olen saavuttanut riittävän tason ja nyt olen onnellinen. Todennäköisesti tämä ei riitä. Samainen *Jooga-ajatelma* kertoo meille, milloin olemme saavuttaneet riittävän tason. Esimerkiksi, kun saavutamme täydellisyyden väkivallattomuudessa, silloin kaikki olennot, jotka tulevat lähellemme, luopuvat vihaisuudesta. Tästä on olemassa monia tarinoita. Joogit, jotka kävelivät metsän poikki tai jotka elivät luolassa käärmeiden kanssa, eivät joutuneet kärsimään millään tavoin, sillä heidän mielensä oli alati vakiintunut väkivallattomuuteen eivätkä he koskaan ajatelleet vahingoittavansa toista, niinpä heidän lähellään olevat olivat myös heidän seurassaan rauhallisia.

Eräänä päivänä muutama meistä yritti siirtää ashramin lehmät toiseen osaan niittyä. Yleensä lehmät eivät välittäneet meidän läsnäolostamme. Saatoimme olla muutaman askeleen päässä niistä, silti ne keskittyivät vain omiin toimiinsa. Mutta tuona päivänä tulin talosta kepin kanssa. Lehmät olivat lähes sadan metrin päässä minusta. Heti kun ne näkivät minut, ne alkoivat juosta. Eivät ne olleet voineet nähdä keppiä, sillä raahasin sitä perässäni. Ne näyttivät tietävän mitä minulla oli mielessäni: 'Ajan ne muualle. Jos ne eivät tee niin kuin haluan, saatan huitaista niitä.' Ne vaistosivat sen. Niiden intuitio on paljon voimakkaampi kuin meidän. Ehkäpä sen takia, koska ne eivät puhu, eivätkä menetä energiaansa niin kuin me. Niiden olemassaolo riippuu niiden intuitiosta.

Monet elävät olennot vaistoavat, kun niitä uhataan. Jos olemme todella vakiintuneet väkivallattomuuteen, kaikista elävistä olennoista tulee väkivallattomia meidän seurassamme. Seuraavana on totuudellisuus. Kun emme puhu valheellisesti tai liioittele ja kun puheemme on hyödyllistä, silloin meissä kehittyy voima, joka saa kaiken sanomamme toteutumaan. Amma saattaa sanoa: "Älä ole huolissasi. Olosi paranee." Jos hän sanoo näin, silloin tilasi paranee. Emme kykene sanomaan milloin niin tapahtuu, mutta niin varmasti tapahtuu.

Varastamattomuus on mielenkiintoinen hyve. Pyhissä kirjoituksissa sanotaan, että 'Ken vakiintuu varastamattomuuteen, sen luokse timantit tulevat'. Sana, joka mainitaan tässä yhteydessä, on *ratna*, jalokivi. Eikö olekin outoa? Mitä sanjaasi, munkki tekee jalokivillä? Jalokiven merkitys tässä ei ole arvokas kivi. Kun ihminen on vakiintunut varastamattomuuteen, hän näyttää viattomalta, kiinnostumattomalta ja takertumattomalta, jolloin ihmiset luottavat heihin. Silloin he ovat taipuvaisia antamaan kaikkein parasta tällaiselle ihmiselle, jakaa heidän kanssaan tai antaa jotakin heidän haltuunsa. Tämä johtuu siitä, että koska he kokevat intuitiivisesti, että hän ei varasta, hän on takertumaton. Näin kaikkein parhaat asiat tulevat tällaiselle ihmiselle.

Entä kun joku on täydellinen pidättyvyydessä, kun hänellä ei ole lainkaan seksuaalisia ajatuksia, mitä silloin tapahtuu? Hänessä kehittyy henkinen energia, henkinen voima. Kun ihmisellä on pidättyvyydestä syntyvää voimaa, jota kutsutaan *viryaksi*, ja kun hän puhuu sinulle, hänen sanansa lävistävät sydämesi. Näin ei tapahdu siksi, että hän omaisi tietyn tavan puhua tai että hänen sanojensa taustalla olisi tietty tunne. Kyse on henkisestä voimasta, jonka hän on kerännyt itselleen harjoittamalla *brahmacharyaa*, seksuaalista pidättyvyyttä. Ihmiset eivät edes tiedä miksi he kokevat sillä tavoin. Koemme ylevöityvämme. Heidän puheensa on todellista *satsangia* ja kuunnellessamme heitä unohdamme kaiken muun ja elämme henkisessä maailmassa. Voidaksemme kokea tämän, meidän tulee tietenkin olla vastaanottavaisia. Ahnehtimattomuus on myös mielenkiintoinen hyve. Patanjali sanoo, että kun saavutamme täydellisyyden ahnehtimattomuudessa, meissä kehittyy tietty *siddhi* (mystinen voima). Mystiset voimat ovat meissä kaikissa piilevinä. Ne ovat keskittyneen mielen voimavaroja. Yleensä mielemme on hajanainen, emme kykene keskittymään ja niinpä nämä voimat eivät ilmene meissä. Auringonvalo ei voi sytyttää paperia palamaan, mutta jos se keskitetään suurennuslasin avulla, näin tapahtuu. Joten jos kehitämme ahnehtimattomuutta, kun emme halua muuta kuin kaikkein välttämättömimmän, silloin meistä tulee takertumattomia maailman suhteen. Emme välitä mistään. Silloin meistä tulee takertumattomia maailman suhteen ja seuraavassa vaiheessa emme enää takerru omaan kehoomme. Vähin mahdollinen riittää – paikka missä asua, hieman syötävää, paikka missä nukkua – vain kaikkein välttämättömin. Ja kun tulemme todella kiintymättömäksi kehomme suhteen, henkinen tieto alkaa loistaa meissä. Patanjali sanoo, että menneisyyttä ja tulevaisuutta koskeva tieto alkaa loistaa henkilössä, joka on vakiintunut ahnehtimattomuuteen. Miksi? Koska silloin edes tämä hetki ei enää sido heitä. He ovat kiintymättömiä.

Tällaisia ovat siis *yamat*. Entäpä *niyamat*:

Saucha – puhtaus

Santosa – tyytyväisyys

Tapas – itsekuri

Svadhyaya – pyhien kirjojen opiskeleminen

Ishvara pranidhana – Jumalalle antautuminen

Saucha, puhtaus tarkoittaa sekä kehollista puhtautta että sisäistä, mielen puhtautta.

Santosa, tyytyväisyys tarkoittaa tunnetta siitä, että minulla on tarpeeksi. Miksi minun tulisi olla levoton sen suhteen, että minun pitäisi saada sitä tai tätä? Milloin loppuu se, että haluamme aina vain lisää? Eikö minulla ole jo tarpeeksi? Tätä tunnetta kutsutaan *santosaksi.*

Tapas tarkoittaa itsekuria. Tänä päivänä *tapas*-sanaa käytetään tarkoittamaan kärsimystä. "Oi, mitä *tapasia* se olikaan!" Mutta se ei tarkoita kärsimystä. Toisaalta se tarkoittaa kyllä kykyä sietää kärsimystä. Se tarkoittaa, että jos on kylmä tai kuuma, emme stressaannu siitä ja valita: "Oi, on niin kylmä! On niin kuuma! En kestä." Tai: "Minulla on kauhea päänsärky! Tunnen kuolevani!" Tyyneys tällaisten vastakohtien, *dvandojen* keskellä on *tapasia.* Tyyneys ja rauhallisuus kaikissa tilanteissa on *tapasia.*

Svadhyaya tarkoittaa sellaisten kirjoitusten opiskelemista, joita pyhimykset ovat kirjoittaneet. Kirjoitusten opiskeleminen ei tarkoita sellaisten henkisten kirjojen lukemista, joita niin sanotut henkiset ihmiset ovat kirjoittaneet. Jos menemme mihin tahansa kirjakauppaan, löydämme satoja tai jopa tuhansia sellaisia kirjoja. Siitä ei siis *svadhyayassa* ole kysymys. *Svadhyaya* tarkoittaa sellaisten kirjojen lukemista, joita rishit, Itse-oivalluksen saavuttaneet ovat kirjoittaneet, ei siis kuka tahansa, joka tietää jotakin henkisyydestä. Itse-oivalluksen saavuttaneen ihmisen, joko menneisyydessä eläneen tai tässä ajassa elävän, sanoilla on erityinen voima, joka kykenee puhdistamaan mieltämme.

Jumalan itkeminen on meditaatiota

Viimeinen kohta on *Ishvara pranidhana,* joka tarkoittaa Jumalalle antautumista. Kaikki hyveet ennen tätä ovat erittäin hyviä. Meidän tulisi noudattaa niitä. Mutta olemme vain tavallisia ihmisiä. On todella vaikeaa toteuttaa kaikkea sitä mistä puhumme. Niinpä Amma sanoo, että älä ole huolissasi, on olemassa ratkaisu. Sekään ei ole helppo, mutta se ei ole niin monimutkainen kuin toiset hyveet. Nimittäin *Isvara bhakti* eli antautuminen Jumalalle. Tämä auttaa meitä hallitsemaan mielemme, vapautumaan *vasanoistamme*. Mitä Amma sanoo siitä?

"Yksi brahmachareista kysyi Ammalta: 'Amma, tänään iltapäivällä neuvoit nuorta miestä vain rukoilemaan ja itkemään Jumalaa. Riittääkö se Jumalan tuntemiseen?' 'Kyllä!', Amma vastasi, "jos niin tehdään koko sydämestä! Poikani, älä ajattele, että henkinen elämä olisi vain meditaation harjoittamista tai mantran toistamista lootusasennossa istuen. Nuo ovat tietenkin keinoja muistaa Jumalaa ja tulla tuntemaan Itse. Ne auttavat varmasti koulimaan luontaisesti levotonta kehoa ja mieltä, mutta on väärin ajatella, että nämä harjoitukset yksin muodostavat polun. Ottakaamme esimerkiksi Vrindavanin gopit tai Mirabai. Minkälaista oli heidän *sadhanansa*? Kuinka heistä tuli Krishnamayita (heitä jotka ovat täynnä Krishnaa)? Johtuiko se siitä, että he olisivat istuneet tuntikausia meditoimassa?' Tekivätkö gopit niin? Oliko sellaiseen aikaa? Eivät. Gopit olivat perheellisiä. Mutta tietenkin he meditoivat, vaikka eivät risti-istunnassa. Gopien ja Mirabain kaltaiset oppilaat ajattelivat kaiken aikaa Jumalan loistokkuutta, mietiskellen Hänen hahmoaan sisällään, riippumatta ajasta ja paikasta. He itkivät ja itkivät kunnes heidän kyyneleensä pesivät heidän mielensä, kunnes heillä ei ollut enää lainkaan ajatuksia."

"Lapset, itkiessämme unohdamme ponnistuksetta kaiken. Itkeminen auttaa meitä unohtamaan menneisyyden ja olemaan unelmoimatta tulevaisuudesta. Se auttaa meitä olemaan nykyhetkessä Herran ja Hänen liilansa parissa. Jos joku, joka on meille rakas, kuolee, sanokaamme äiti tai isä, aviomies tai –vaimo, poika tai

tytär. Suremme ajatellen häntä. Eikö totta? Unohdamme
kaiken muun. Tuolla hetkellä mieleemme ei tule mitään
muuta kuin suloiset hetket poismenneen kanssa. Emme
ole kiinnostuneet mistään muusta kuin siitä, että voim-
me ajatella tuota ihmistä. Meidän mielemme keskittyy
täysin. Lapset, itkulla on voima tehdä mielestämme täy-
sin keskittynyt. Miksi meditoimme? Saavuttaaksemme
keskittyneisyyttä. Niinpä paras keino saavuttaa keskit-
tyneisyyttä on itkeä Jumalaa. Se on hyvin voimallinen
keino muistaa Jumalaa ja se on meditaatiota."

"Juuri niin gopien ja Mirabain kaltaiset suuret oppilaat
tekivät. Katso kuinka epäitsekkäästi Mirabai rukoili:
'Oi Miran Giridhari, ei ole väliä rakastatko Sinä minua,
mutta älä ota pois minun oikeuttani rakastaa Sinua!' He
rukoilivat ja itkivät, kunnes heidän koko olemuksensa
muuttui jatkuvaksi rukoukseksi. He palvoivat Herraa
niin kauan, että lopulta jumalallinen rakkaus söi heidät,
jolloin heistä itsestään tuli uhrilahja."

Joten tässä on yksi tapa, helppo tapa meditoida: itkeä Jumalaa
tai Jumal-oivalluksen saavuttanutta henkilöä. Ei tarvita mitään
erityistä ponnistusta ajatella aina tuota henkilöä, tuota hahmoa ja
ollessamme yksin voimme vain itkeä niin kuin Mirabai itki Kri-
shnaa. Hiljalleen täytymme kokonaan tuosta Olennosta, jolloin
vasanoilla ei ole enää tilaa missä ilmentyä.

Amma käyttää esimerkkinä suolaista vettä. Kuinka pääsemme
eroon vedessä olevasta suolasta? Jos kaadamme raikasta vettä aina
vain enemmän suolaisen veden joukkoon, niin hiljalleen se lai-
mentuu ja lopulta suolaa ei ole käytännössä enää lainkaan. Niinpä
vaikka meillä on *vasanamme*, emme välttämättä saa niitä noin vain
juurittua pois. Mutta voimme korvata ne jollakin muulla, jolloin
niillä ei ole enää tilaa ilmentyä. Ajattelemme sen sijaan Jumalaa,

mantraamme tai Ammaa. Tämä on käytännöllinen, helppo tie tavallisille meidän kaltaisillemme ihmisille. *Mahatman* armo on tässä myös pelastava tekijä. Ammalla on myös sanottavansa tästä:
"Joku sanoi: 'Olen lukenut, että riippumatta siitä kuinka paljon *sadhanaa* joku harjoittaa, täydellisyyden tilaa ei voi saavuttaa ilman valaistunutta gurua. Onko tämä totta?'"
Amma sanoi: "Aivan oikein! Voidakseen poistaa hienosyiset *vasanat*, tarvitaan gurun ohjausta ja armoa."

Tällä ei tarkoiteta vain karkeita tottumuksia, joita meillä on vaan hienosyisempiä asioita, joista emme ole edes tietoisia.

"Ja vain guru kykenee nostamaan nuo asiat esille, luomaan tilanteita, joka saa ne tulemaan näkyville ja antaa meille voimia käsitellä niitä. Ja kun *vasanat* on poistettu, ja viimeinen vaihe on käsillä, jolloin *sadhak* putoaa tai liukuu täydellisyyden tilaan, se ei voi tapahtua ilman gurun armoa."

"Ihmiset ovat rajallisia, he eivät kykene tekemään paljoakaan omin voimin. Ehkä he kykenevät etenemään johonkin tiettyyn vaiheeseen ilman kenenkään apua, mutta pian polusta tulee monimutkainen ja silloin tarvitaan apua. Vapautukseen johtava polku koostuu monimutkaisesta polkujen labyrintistä, henkinen oppilas ei välttämättä kykene ymmärtämään mihin suuntaan hänen tulisi kulkea tai mihin suuntaan hänen tulisi kääntyä. Tai henkistä polkua, jota kuljetaan ilman gurua, voi verrata siihen, että purjehtii yksin pienellä veneellä valtamerellä ilman tarvittavia varusteita, ilman kompassia, josta näkisi mihin suuntaan kulkea."

Näin toivotonta on, jos yrittää oivaltaa Jumalan ilman Jumal-oivalluksen saavuttanutta mestaria.

"Muista, että polku joka vie Itse-oivallukseen on hyvin kapea. Kaksi ihmistä ei voi kävellä tällä polulla käsi kädessä, silitellen toistensa olkapäitä toverillisesti. Tätä polkua jokainen kulkee yksin."
"Kulkiessamme henkisellä polulla valo ohjaa meitä. Tämä valo, joka valaisee meille polun, on gurun armo. Guru kulkee edellämme valaisten meille polkua ja ohjaten kulkuamme varovasti. Hän tuntee ulkoa labyrintin polut. Hänen armonsa valo auttaa meitä näkemään ja poistamaan esteet ja saavuttamaan lopullisen päämäärän."

Meidän täytyy ponnistella, se on tärkeää, mutta lopulta gurun armo on se, joka pelastaa meidät.

"Tarvitsemme kaikkein eniten *sadgurun* armoa. Ilman hänen rakkaudellista huolenpitoaan, myötätuntoisia katseitaan ja rakkaudellisia kosketuksiaan, ei päämäärää voi saavuttaa. Hän lähettää jokaisella myötätuntoisella katseellaan ja kosketuksellaan meille armoaan. Rukoilkaa sen tähden hänen armoaan!"

Joulu ja mystinen Kristus – 1

Ennen kuin Amma tuli Yhdysvaltoihin mielessäni oli epäilys, miten ihmiset suhtautuisivat nähdessään hänet Devi Bhavassa? Mitään sen kaltaistakaan ei ole koskaan ennen nähty täällä. Mutta tänään näin jotain, joka selvensi asiaa minulle aika tavalla. Olin kokonaan unohtanut tämän. Näin erään miehen istuvan kaupassa erikoisessa punaisessa asussa. Ihmiset tulivat hänen luokseen ja istuivat hänen sylissään. Hän halasi jokaista ja kysyi heiltä mikä oli heidän toivomuksensa. Ei ole mikään ihme, että länsimaalaiset ihmiset ottivat Amman yhtä luonnollisesti vastaan kuin vesi ottaa kalan. Silti Amman ja joulupukin välillä on suuri ero!

Tänään on jouluaatto niin kuin jokainen tietää ja meille henkisen tien kulkijoille tällaisten juhlien tarkoituksena on lisätä meissä henkisyyttä. Joulusta on tullut juhla, jolloin olemme yhdessä perheemme kanssa. Joulu on myös kaupallistunut, se on alkanut merkitä voiton tavoittelua liikeyrityksille. Mutta meille henkisille oppilaille joulun alkuperäinen merkitys piilee mahdollisuudessa ajatella Kristusta, joka oli suuri mahatma. Tällöin voimme lukea hänen elämästään ja opetuksistaan.

Miksi Jumala pitää dharmaa niin tärkeänä

Mikään maa ei omista yksinoikeutta pyhimysten, mahatmojen ja avataarojen suhteen. Milloin tahansa siihen on tarvetta, Jumala, Korkein Olento laskeutuu maan päälle siunatakseen eläviä. *Bhagavad-Gitassa* on itse asiassa tunnettu ajatelma, jossa Krishna sanoo, että aina kun on tarvetta, Hän tulee. Mitä Jumala pitää tarpeellisena? Luultavasti kaikilla ihmisillä, jotka tulevat tapaamaan joulupukkia on jokin suuri toive, jonka he toivovat hänen täyttävän. Ihmiset, jotka tulevat Amman luo, kokevat myös, että heidän tarpeensa ovat todellisia ja tärkeitä ja että Jumalan tulisi ne täyttää. Mutta mitä Jumala pitää tärkeänä? Bhagavan Krishna sanoo, että kun *dharma* taantuu ja *adharma* lisääntyy, silloin Jumala kokee, että on olemassa suuri tarve Hänen henkilökohtaiselle laskeutumiselle tälle olemisen tasolle.

Tuo ajatelma kuuluu näin:

"Aina kun hyveellisyys taantuu ja paheellisuus lisääntyy, Minä ilmestyn maailmaan. Minä synnyn aikakausi aikakauden jälkeen näkyväiseen hahmoon suojelemaan hyveellisiä ja tuhoamaan pahantekemistä ja voimistamaan oikeaa elämäntapaa."

BG IV:7-8

Miten Jumala syntyy? Syntyykö Hän samalla tavalla kuin me? Me synnymme avuttomina tähän maailmaan aiemmin tekemiemme tekojen, *karmamme* seurausvaikutusten mukaisesti. Bhagavan, Jumala ei synny samalla tavalla. Hän sanoo:

"Vaikka Minä olenkin syntymätön ja muuttumaton olemukseltani, ja vaikka Minä olenkin kaikkien olentojen Herra ja vaikka Minä hallinnoinkin luontoa, Minä synnyn kuitenkin oman harhavoimani avulla."

BG IV:6

Hän tulee maailmaan oman tahtonsa voimasta, myötätunnosta eri sieluja kohtaan ja kohottaakseen dharmaa.

Miksi Jumala välittää niin paljon dharmasta? Sen täytyy olla todella tärkeä asia. Eivät edes Hänen sanansaattajansa voi tehdä tuota työtä. Hänen itsensä täytyy laskeutua alas ja kohottaa dharmaa. Mikä dharmassa siis on niin merkittävää? Luomakunta on ihmeellinen asia. Kukaan ei kykene sanomaan miksi se on olemassa. Pyhät kirjoitukset sanovat vain, että ennen luomakuntaa oli vain yksi olemisen taso, *Brahman.* Kerrottakoon heille, jotka eivät tiedä, että Brahman tulee sanskritinkielisestä sanasta *brihat,* joka tarkoittaa suurta tai laaja-alaista. Laaja äärettömyys – kaikkiallinen tietoisuus – yksin oli olemassa. Sitten Brahman ajatteli, 'Tulkoon Minusta monta', ja niin maailmankaikkeus syntyi. Niinpä koko maailmankaikkeus ja me kaikki olemme vain aaltoja Brahmanin valtameressä. Aallot eivät ole erillisiä valtamerestä eikä niillä ole omaa erillistä olemassaoloaan. Heillä saattaa jokaisella olla oma yksilöllinen ilmiasunsa (kaikki me näytämme yksilöiltä), mutta syvällä tasolla olemme yhtä tuon älyn valtameren kanssa.

Mitä tapahtuu, kun luomakunta ilmenee? Mikä on sen tarkoitus? Bhagavan sanoo, että maailma on kuin koulu. Jokainen elämä on kuin yksi luokka, josta on tarkoitus valmistua ja saada itselleen todistus, jota kutsutaan *muktiksi,* vapautukseksi, *mokshaksi,* Itse-oivallukseksi tai Jumal-oivallukseksi. Tässä on siis olemassaolomme tarkoitus. Tämä saa meidät liikkeelle jatkuvasti. Tavoittelemme onnea ja autuutta, emmekä voi koskaan saavuttaa täydellistä tyytyväisyyden tunnetta ennen kuin sulaudumme alkulähteeseen, omaan alkulähteeseemme, joka on Jumala tai Itse.

Kaikki oppiläksyt, kaikki kokemukset, joita joudumme kohtaamaan elämämme aikana tähtäävät tähän päämäärään. Ne opastavat meidät alkulähteelle. Toisinaan oppiläksyjen on oltava hyvin kivuliaita, koska meillä on monia harhakäsityksiä. Elämme kaiken aikaa *mayan* (kosmisen illuusion, harhan) vallassa. Meidän on vapauduttava harhakuvitelmistamme, jotta voisimme suuntautua keskittyneesti kohti oikeaa päämäärää. Tässä on vaikeiden tilanteitten tarkoitus. Ne vapauttavat meidät harhakuvitelmistamme, *mayan* unesta.

Bhagavan pitää huolta luomakunnastaan. Emme tiedä miksi se on luotu, mutta tässä se nyt on. Hän joka on tämän luonut, huolehtii siitä niin kuin äiti, joka huolehtii omista lapsistaan. Pyhät kirjoitukset, tietäjät ja avataarat ovat olemassa osoittaakseen meille, kuinka voimme saavuttaa onnellisuuden päämäärän. Tämän takia dharma on tärkeää, koska sen avulla pääsemme takaisin Jumalan luokse. Ei riitä, että vain istumme ja meditoimme tai laulamme bhajaneita tai kuuntelemme satsangia. Henkistä elämää tulee harjoittaa elämämme jokaisena hetkenä, ilmentää jokaisella ajatuksellamme, sanoillamme ja teoillamme. Kun olemme sopusoinnussa dharman kanssa, olemme sovussa Jumalan kanssa ja saavutamme elämän päämäärän. Meistä tulee onnellisia. Mitä enemmän olemme sopusoinnussa dharman kanssa, sitä tyynempi meidän mielestämme tulee ja sitä enemmän täytymme autuudella, Jumalan läsnäololla. Niinpä meidän on tutkittava mitä dharma on. Opimme sen pyhistä kirjoituksista, tietäjiltä, pyhimyksiltä ja erityisesti avataarojen ja Jumal-oivalluksen saavuttaneiden sielujen avulla.

Amma kertoo hienosti siitä, mikä saa Jumalan laskeutumaan alas. Joku kysyi eräänä päivänä: "Kristus oli Jumal-oivalluksen saavuttanut, hän oli avataara. Kun hänet naulittiin ristille, sen on täytynyt olla todella tuskallista. Eikö totta?"

Onko neula tai piikki pistänyt sinua koskaan? Se tekee vain pienen reiän ja tuottaa silti niin paljon kipua. Minkälainen on siis täytynyt olla hänen tilansa, jossa ranteet ja jalkaterät ovat lävistetty nauloilla? Silloin hän sanoi: "Oi Isä, oletko hylännyt minut?"

Elettyään koko elämänsä rakkaudessa, antaumuksessa ja uskossa, kuinka nuo sanat saattoivat tulla hänen suustaan tuolla hetkellä?

Jumalan inhimillinen olemus

Amma antaa meille tähän vastauksen:

> "Lapset, kun oivallus on saavutettu, jotkut sulautuvat ikuisuuteen. Harvat heistä laskeutuvat alas. Kuka haluaisi tulla enää alas sulauduttuaan autuuden valtamereen?

Laskeutuakseen siitä tilasta, mistä ei ole paluuta, pitää olla jotain mistä pitää kiinni, luja päätös, *sankalpa.* Tuo päätös on myötätunto, rakkaus tai pyyteetön apu kärsivää ihmiskuntaa kohtaan. Jos et halua kuunnella ja vastata vilpittömien etsijöiden kutsuun, heidän itkuunsa, jotka kärsivät maailmassa. jos haluat oleilla persoonattomassa tilassa etkä halua olla myötätuntoinen, se sopii. Voit pysyä siellä. Laskeutuessasi alas, asetat omalla tahdonvoimallasi verhon, jonka voit siirtää syrjään milloin hyvänsä. Se tekee maailmassa toimimisesta sujuvampaa ja keskeytymätöntä. Et tietoisesti kiinnitä mitään huomiota verhon toiselle puolen."

Mille toiselle puolelle? Sille puolelle, missä ykseys Jumalan kanssa koetaan. Amma puhuu tietenkin omasta kokemuksestaan. Hän ei lue koskaan kirjoja. Hän ei ole koskaan tavannut pyhimyksiä. Hän puhuu omasta sisäisestä kokemuksestaan:

"Silti menet aika ajoin toiselle puolelle, mutta onnistut aina tulemaan takaisin. Pelkkä ajatus tai muistutus toisesta puolesta kykenee kohottamaan sinut sinne. Laskeuduttuasi alas näyttelet roolisi hyvin."

Tässä on vastaus Kristusta koskevaan kysymykseen: näyttelet roolisi hyvin.

"Laskeuduttuasi alas ykseydentilasta Jumalan kanssa, näyttelet roolisi hyvin. Elät ja työskentelet kovasti ihmiskunnan kohottamiseksi. Kohtaat vaikeuksia, esteitä ja vaikeita tilanteita. Joudut kohtaamaan solvausta, skandaaleja ja vääristelyä, mutta et välitä siitä, sillä vaikka näytätkin ulkoisesti samanlaiselta kuin toiset, olet sisäisesti erilainen, täysin erilainen. Sisäisesti sinä olet yhtä korkeimman totuuden kanssa. Siksi mikään ei satuta tai kosketa sinua. Ollessasi yhtä energian alkulähteen kanssa, työskentelet väsymättä, parantaen ja lohduttaen heitä, jotka tulevat luoksesi ja joilla on syviä haavoja. Annat rauhaa ja onnea kaikille. Sinun elämäntapasi, luopumisesi, rakkautesi, myötätuntosi ja epäitsekkyytesi innostaa heitä, jotka haluavat kokea sen mitä sinä jo koet. Jos he eivät halua välittää maailmasta lainkaan, nuo myötätunnon ja rakkauden täyttämät, jotka ovat laskeutuneet alas, voivat myös oleilla ei-kaksinaisuuden tilassa ja sulautuen korkeimpaan tietoisuuteen. Siinä tilassa ei ole rakkautta eikä sen puutetta, ei myötätuntoa eikä sen puutettakaan.

On omattava keho, voidakseen ilmaista myötätuntoa, rakkautta ja pyyteetöntä palvelua sekä innostaakseen toisia kokemaan näitä jumalallisia ominaisuuksia. Kun keho omaksutaan, se käy läpi luonnonmukaisen kehityksensä. Mahatman keho on kuitenkin erilainen kuin tavallisen ihmisen keho. Jos hän haluaa, hän voi pitää kehoaan niin kauan kuin haluaa ilman, että hän sairastuu ja kärsii. Hän antaa tietoisesti kehonsa käydä läpi kaikenlaisia kokemuksia, joita tavalliset ihmisetkin joutuvat kokemaan. Siinä on hänen suuruutensa."

Jotkut ihmiset alkavat epäillä saadessaan kuulla Kristuksen tai Amman elämästä. He kysyvät:

"Jos he ovat yhtä Jumalan kanssa, miksi he joutuvat kärsimään niin paljon?" Kun Kristus oli ristillä, fariseukset ja saddeukset tulivat ja sanoivat: "Jos sinä olet Jumalan poika, astu alas ristiltä." Tällä ei ole mitään tekemistä Jumal-oivalluksen kanssa! Jumal-oivallus tarkoittaa, että samastuu Jumalaan sisällään. Silloin sisällämme on jotakin, johon mikään ei vaikuta, ei suurikaan kipu eikä kärsimys. Tuo jokin meissä on aina rauhallinen eikä se koskaan muutu. Se on heidän olemuksensa ydin. Amma sanoo:

"Jumal-oivalluksen saavuttanut antaa kehonsa maailmalle ja se käy läpi normaalin kehityskulun. Mutta sen voi laittaa tekemään poikkeuksellisia asioita. Eikö Krishna loukkaantunut Mahabharatan sodan aikana? Eikö hän taistellut kahdeksantoista kertaa Jarasandhan, tuon voimakkaan ja julman kuninkaan kanssa? Lopulta hän lähti diplomaattisesti sotatantereelta. Hän olisi voinut halutessaan tappaa Jarasandhan, mutta hän ei tehnyt niin. Muistakaa, että tavallisen metsästäjän ampuma nuoli päätti Krishnan elämän tässä maailmassa. Jeesus naulittiin ristille. Kumpikin heistä olisi voinut estää tapahtumat, jotka tekivät lopun heidän kehostaan, mutta he antoivat asioiden tapahtua luonnollisen kehityskulun mukaisesti. He antoivat elämän kannatella itseään. He valitsivat olomuodon, jossa elivät ja antoivat asioiden tapahtua.

He olivat halukkaita antautumaan. Tämä ei kuitenkaan tarkoita, että tapahtumien luonnollinen kulku olisi väistämätön tai että sitä ei voisi estää, niin kuin asia on tavallisten ihmisten kohdalla. Ei, niin asia ei ole. Jos he olisivat tahtoneet, he olisivat voineet välttää kaikki katkerat kokemukset. Koska he ovat kaikkivoipia, he olisivat voineet vaivattomasti tuhota vastustajansa, mutta he halusivat sen sijaan antaa esimerkin. He halusivat näyttää maailmalle, että on mahdollista elää elämä korkeimpien arvojen mukaisesti, kohtaamalla samalla kaikki ne vaikeudet, joita tavallinen ihminen kohtaa. Mutta pitäkää mielessä, että jos syntyy tilanne, missä täytyy poiketa luonnonlaista, he voivat niin tehdä."

Näin Amma puhuu Itse-oivalluksen saavuttaneesta sielusta selittäen, että he voivat laskeutua myötätunnosta alas. He elävät pääsääntöisesti niin kuin tavalliset ihmiset. Jos on tarpeen, he voivat ylittää luonnonlait, niin kuin Kristus teki useita kertoja. Kun hän sanoi, "Oi Isä, miksi minut hylkäsit?" tarkoitti hän sen meille, jotka koemme suuressa kivussa ja kärsimyksessä Jumalan hylänneen meidät. Se ei ole kovin paha asia, jos koemme niin ahdingossamme. Jopa Kristus sanoi niin. Niin hän osoitti inhimillisyytensä ja ihmisyytensä, eikä se johtunut heikkoudesta. Hän sanoi nuo sanat myötätunnosta. Sillä mitä hän sanoikaan pian sen jälkeen?

"Anna heille anteeksi, sillä he eivät tiedä mitä he tekevät."

Kyse ei ole siitä, että hän olisi unohtanut itsensä tuolla hetkellä. Mikä hyvänsä jumalallisen henkilön teko on ihmiskunnan hyväksi.

Avataaran tarkoitus on antaa maailmalle opetuksensa, innostaa antaumusta heidän persoonaansa kohtaan, jotta ihmisissä voisi kehittyä antaumusta. Siksi ajattelin, että lukisimme ääneen joitakin Kristuksen ajatuksia. Olin yllättynyt huomatessani viime vuonna, että monikaan ei ole koskaan lukenut Uutta Testamenttia. Itse asiassa minäkään en ollut lukenut Uutta Testamenttia ennen kuin lähdin Intiaan.

Kristuksen ajatelmia

Jokainen sana on jalokivi. Jokaiseen sanaan kätkeytyy henkinen opetus, timanttien timantti. Hän antoi nämä opetustensa timantit opetuslapsilleen sanojensa muodossa. Oli yleisö, seuraajat ja opetuslapset. Opetuslapset saavat laimentamattoman, tislatun totuuden. Raamatussa on monia kohtia, missä hän puhuu opetuslapsilleen.

> Eräänä päivänä, kun väkijoukot kokoontuivat, Jeesus nousi kukkulaa ylöspäin opetuslastensa seurassa, istuutui ja opetti heitä sanoen:
> "Autuaita ovat hengessään köyhät, sillä heidän on taivasten valtakunta."

Selvittäkäämme tässä kohtaa käsitteitä. Ensinnäkin, taivasten valtakunta saattaa olla toinen todellisuudentaso tässä laajassa luomakunnassa – paikka, joka on rauhallinen ja autuaallinen. Mutta Kristus sanoi: "Taivasten valtakunta on sisälläsi." Niinpä kyse täytyy olla myös tietoisuudentilasta. Kun mielestä tulee täysin tyyni, silloin sisäinen todellisuus, joka on piilotettu ajatusten verhon taakse, alkaa loistaa ja ihminen alkaa kokea olevansa taivaassa. Se tarkoittaa, että ihminen kokee olevansa onnellinen ja rauhallinen. Se on taivas.

Hän myös viittaa usein Isään sanoen, "Isä lähetti minut" ja että "Isä ja minä olemme yhtä." Kun hän sanoo Isä, hän puhuu korkeimmasta tietoisuudesta, absoluuttisesta olemisen muodosta, *sat-chit-ānandasta*, tietoisuuden valtamerestä, elämän alkulähteestä, meidän alkulähteestämme, maailman alkulähteestä. Sitä siis kutsutaan Isäksi. Isä ei siis ole vanha parrakas, tai parraton mies. Isä on todellisuus, persoonaton todellisuus. Samaan aikaan tätä totuutta voi pitää Jumalana, Isänä ja Äitinä.

Kun Amma oli pieni tyttö, hän kävi muutamia vuosia luostarikoulua. Tuolloin hän istui toisinaan kirkon hautausmaalla hautakivien keskellä. Hän on kertonut, että monet poislähteneiden sielut tulivat hänen luokseen ja hän lohdutti heitä. Hän meni myös kappeliin katsomaan Kristuksen kuvaa. Hän seisoi siellä sanoen: "Sinä et kuollut. Minä tiedän, että sinä et kuollut!"

Hän sanoi meille, että kun Jeesus sanoo Isä, hän puhuu Shivasta. Amma koki, että Kristus oli Shivan palvoja siinä missä hän oli Devin palvoja. Ilmeisesti, vaikka henkilö voi olla jumalallinen olento, tullessaan tähän maailmaan, hänellä on myös antaumuksen kohde, joko toisten takia tai sisäsyntyisenä ominaisuutena. Amman Jumala oli Krishna ja Devi, ja hän koki, että Shiva oli Kristuksen Herra. On olemassa muitakin esimerkkejä. Ramakrishnan Jumala oli Kali. Ramana Maharshin Jumala oli Arunachala.

On olemassa monia teorioita, kuinka Jeesus matkusti Intiaan "kadotettujen vuosien" aikana. Raamattu näet vaikenee hänen elämästään ikävuosien 12 ja 30 välillä. Mitään ei kerrota siitä, missä hän oli, kunnes yhtäkkiä hän ilmestyy jälleen ollessaan kolmekymmentävuotias. On olemassa monia kirjoja, jotka sanovat hänen menneen Intiaan, Tiibetiin, Egyptiin ja moniin muihin paikkoihin. Emme voi todistaa mitään lopullisesti, mutta minulle Amma on auktoriteetti. Hän puhuu omasta kokemuksestaan ja hän sanoo, että kun Jeesus sanoo Isä, hän tarkoittaa Shivaa.

"Autuaita ovat murheelliset, sillä he saavat lohdutuksen. Autuaita ovat hiljaiset, sillä he saavat maan periä. Autuaita ovat ne, jotka isoavat ja janoavat vanhurskautta, sillä heidät ravitaan. Autuaita ovat laupiaat, sillä he saavat laupeuden. Autuaita ovat puhdassydämiset, sillä he saavat nähdä Jumalan."[6]

Tämä on kaikkein tärkein lauselma koko Raamatussa: jos mielemme on puhdas, näemme Jumalan. Jos emme näe Jumalaa, meidän on puhdistettava mielemme kokonaan. Mitä tarkoitetaan puhtaudella? Ajatusten poissaolo on puhtautta. Mitä enemmän ajatuksia on, sitä enemmän puhtaus puuttuu. Meditaation ja muiden henkisten harjoitusten perimmäinen tarkoitus on vähentää ajatusten virtaa, jotta todellisuus voisi loistaa.

"Autuaita ovat rauhantekijät, sillä heidät pitää Jumalan lapsiksi kutsuttaman. Autuaita ovat ne, joita vanhurskauden tähden vainotaan, sillä heidän on taivasten valtakunta. Autuaita olette te, kun ihmiset minun tähteni teitä solvaavat ja vainoavat ja valhetellen puhuvat teistä kaikkinaista pahaa. Iloitkaa ja riemuitkaa, sillä teidän

---

[6] Matt. 5:4–8.

palkkanne on suuri taivaissa. Sillä samoin he vainosivat profeettoja, jotka olivat ennen teitä."[7]

Valitettavasti maailma ei ymmärrä Henkeä, mutta Henki ymmärtää maailmaa. Tässä on se mitä Kristus itse asiassa sanoo. Nämä ovat ominaisuuksia, joita maailman ihmiset haluavat. Maailman ihmiset eivät halua tuntea oloaan surulliseksi. He eivät halua olla heikkoja. He eivät halua olla anteeksiantavaisia, armon täyttämiä. Tämä on väkivaltainen maailma. Tämä on kilpailuhenkinen maailma. Jos emme mene ja hanki sitä mitä haluamme, meidät jätetään jälkeen. Sellainen on maailman periaate. Sellainen on henkisen tietämättömyyden, mayan periaate. Sellainen ei kuitenkaan ole henkisyyden, Jumalan oivaltaneiden ja mahatmojen periaate. Kristus puhuu siitä, että on tärkeää kasvattaa itsessään henkisiä periaatteita. Niitä on vaikea harjoittaa, erityisesti kun elää maailmassa. Tässä ilmenee *satsangin* (henkisen seuran) ja pyhien kirjoitusten lukemisen tärkeys. Niiden kautta saamme kuulla oikeanlaisista ihanteista. Maailma ei anna meille tällaisia ihanteita.

"Te olette maan suola."

Se tarkoittaa, että pyhimykset ja tietäjät tekevät maailmasta hyvän paikan. Muussa tapauksessa se ei ole niin kovin hyvä paikka.

"Mutta jos suola menettää makunsa, millä se saadaan suolaiseksi? Ei se kelpaa enää mihinkään: se heitetään menemään, ja ihmiset tallaavat sen jalkoihinsa. Te olette maailman valo. Ei kaupunki voi pysyä kätkössä, jos se on ylhäällä vuorella. Eikä lamppua, kun se sytytetään, panna vakan alle, vaan lampunjalkaan. Siitä sen valo loistaa kaikille huoneessa oleville. Näin loistakoon teidänkin valonne ihmisille, jotta he näkisivät teidän hyvät tekonne ja ylistäisivät Isäänne, joka on taivaissa.

---

[7] Matt. 5:9-12

Älkää luulko, että minä olen tullut lakia tai profeettoja kumoamaan. En minä ole tullut kumoamaan, vaan toteuttamaan. Totisesti: laista ei häviä yksikään kirjain, ei pieninkään piirto, ennen kuin taivas ja maa katoavat, ennen kuin kaikki on tapahtunut. Sitä, joka jättää laista pois yhdenkin käskyn, vaikkapa kaikkein vähäisimmän, ja siten opettaa, kutsutaan taivasten valtakunnassa vähäisimmäksi. Mutta sitä, joka noudattaa lakia ja niin opettaa, kutsutaan taivasten valtakunnassa suureksi."[8]

Mitä hän siis sanoo tässä? Henkiset ihmiset ovat todella maailman suola, he ovat maailman perusta. He tekevät maailmasta onnellisen paikan. Kun tulemme Amman luokse, koemme sellaisen onnen, ainutlaatuisen onnentunteen, jota emme voi saavuttaa aineellisin keinoin. Tässä on siis sen merkitys. Henkisen ihmisen läheisyydessä on ainutlaatuista autuutta, onnea, jota emme voi saada maailmasta. Ja tällaisten ihmisten ei tulisi kätkeytyä, Amma sanoo. Heidän tulisi olla myötätuntoisia ja olla tekemisissä maailman kanssa.

"Teille on opetettu tämä isille annettu käsky: 'Älä tapa.' Se, joka tappaa, on ansainnut oikeuden tuomion. Mutta minä sanon teille: jokainen, joka on vihoissaan veljelleen, on ansainnut oikeuden tuomion. Samoin jokainen, joka sanoo veljelleen: 'Senkin hölmö', on ansainnut Suuren neuvoston tuomion, ja se, joka sanoo: 'Sinä hullu', on ansainnut helvetin tulen."[9]

Nyt Jeesus menee askelta pidemmälle. Jopa pienetkin teot ovat tärkeitä. Myös ne asiat, joita teemme omalla mielellämme ovat tärkeitä.

---

[8] Matt. 5:13-19
[9] Matt. 5:21-22

"Jos olet viemässä uhrilahjaasi alttarille ja siinä muistat, että veljelläsi on jotakin sinua vastaan, niin jätä lahjasi alttarin eteen ja käy ensin sopimassa veljesi kanssa. Mene sitten vasta antamaan lahjasi.

Tarjoa vastapuolellesi sovintoa jo silloin, kun vielä olet hänen kanssaan matkalla oikeuteen.[10]

Teille on opetettu: 'Silmä silmästä, hammas hampaasta.' Mutta minä sanon teille: älkää tehkö pahalle vastarintaa. Jos joku lyö sinua oikealle poskelle, käännä hänelle vasenkin. Jos joku yrittää oikeutta käymällä viedä sinulta paidan, anna hänelle viittasikin. Jos joku vaatii sinut mukaansa virstan matkalle, kulje hänen kanssaan kaksi. Anna sille, joka sinulta pyytää, äläkä käännä selkääsi sille, joka haluaa lainata sinulta.

Teille on opetettu: 'Rakasta lähimmäistäsi ja vihaa vihamiestäsi.' Mutta minä sanon teille: rakastakaa vihamiehiänne ja rukoilkaa vainoojienne puolesta, jotta olisitte taivaallisen Isänne lapsia. Hän antaa aurinkonsa nousta niin hyville kuin pahoille ja lähettää sateen niin hurskaille kuin jumalattomille. Jos te rakastatte niitä, jotka rakastavat teitä, minkä palkan te siitä ansaitsette? Eivätkö publikaanitkin tee niin? Jos te tervehditte vain ystäviänne, mitä erinomaista siinä on? Eivätkö pakanatkin tee niin? Olkaa siis täydellisiä, niin kuin teidän taivaallinen Isänne on täydellinen."[11]

Tässä on päämäärä. Meidän pitää tulla yhdeksi Jumalan kanssa. Ei yhtään sitä vähempää. Meidän pitää tulla täydellisiksi. Nykyisessä tilanteessamme useimpien meistä on vaikea kuvitella, että voisimme olla täydellisiä. Täydellisyys ei tarkoita, ettemmekö tekisi pieniä virheitä, kun emme ymmärrä jotakin. Täydellisyys

---

[10] Matt. 5:23-25
[11] Matt. 5:38-48

tarkoittaa, että käyttäytymisemme ja ajatuksemme ovat aina linjassa dharman kanssa, että mielemme on aina täydellisen puhtaassa tilassa. Se on puhdas kuin taivas. Jos haluamme ajatella, voimme ajatella, mutta emme ole mielen armoilla. Voimme laittaa sen pois päältä tai voimme käyttää sitä, jos haluamme. Sellaisessa mielessä kaikki on täydellistä. Täydellinen tieto loistaa sellaisessa mielessä.

Joulu ja mystinen Kristus – 2

"Varokaa tuomasta hurskaita tekojanne ihmisten katseltavaksi, muuten ette saa palkkaa taivaalliselta Isältänne. Kun siis autat köyhiä, älä toitota siitä niin kuin tekopyhät tekevät synagogissa ja kujilla, jotta ihmiset kiittelisivät heitä. Totisesti: he ovat jo palkkansa saaneet. Kun annat almun, älköön vasen kätesi tietäkö mitä oikea tekee, jotta hyvä tekosi pysyisi salassa. Isäsi, joka näkee myös sen, mikä on salassa, palkitsee sinut."[12]

Jokainen näistä sanoista pitää sisällään henkisen opetuksen. Kristus ei itse asiassa käytä mitään muuta kuin puhtaasti henkisiä sanoja. Jotkut Kristuksen opetukset käsittelevät uskoa. Toiset taas antaumusta ja toiset luopumista ja rakkautta. Tässä on hänen ajatuksiaan luopumisesta.

Pyhä Franciscus Assisilainen tapaa paavin

Moni meistä on saattanut lukea Pyhän Franciscus Assisilaisten elämästä. Hän oli Kristuksen luopumista koskevan opetuksen todellinen seuraaja. Hän koki, että ollakseen Kristuksen opetuslapsi hänen tulisi elää juuri niin kuin Kristus oli puhunut kirjoituksissa, osoittanut elämällään ja ilmaissut sanoillaan.

Me voisimme olla Kristuksen opetuslapsia jopa tässä ajassa, siitä itse asiassa on kysymys: tulla Jumal-oivalluksen saavuttaneen henkilön opetuslapseksi, ei pelkästään oppilaaksi. Joten mitä hän teki? Hän jätti kaiken ja antautui täysin Jumalan tahdon varaan. Hän eli hyvin yksinkertaisen elämän! Vain välttämättömän varassa, yksinkertaista ruokaa, yksinkertainen asu. Yksinkertainen

---

[12] Matt. 6:1-4

tarkoittaa tässä, että se oli yksinkertaisempaa kuin yksinkertainen: hän pukeutui perunasäkkiin ja sitoi sen köydenpätkällä, joka hoiti vyön virkaa.

Tänään minun piti mennä asioille ja ohittaa paikka missä ihmiset tekivät jouluostoksiaan. Minusta tuntui oudolta, sillä minulle joulu tarkoittaa Jeesuksen ja hänen luopumiseen pohjautuvan elämänsä ajattelemista. Hänen opetuslapsensa eivät kantaneet huolta huomisesta eivätkä tästä päivästä, mitä he söisivät, missä nukkuisivat, mitä laittaisivat päällensä. Ja täällä ihmiset juoksevat ympäriinsä ostelemassa asioita, joita ei voi kutsua välttämättömyyksiksi. Sen näkeminen synnytti oudon tunteen.

Pyhä Franciscus oli todellakin pyhimys. Amma pitää vuosittain ohjelman Assisissa, missä Franciscus asui. Hänen pyhä läsnäolonsa on yhä tunnettavissa siellä, vaikka hän eli kolmesataa vuotta sitten. Amma sanoo, että hänessä oli todellista ainesta. Amma harvoin sanoo mitään sellaista. Hän ei sano niin usein. Ihmiset esittävät hänelle pyhimyksiä ja tietäjiä koskevia kysymyksiä, mutta hän vain hymyilee tai ei sano mitään. On hyvin epätavallista, että Amma sanoo jotakin näin myönteistä jostakusta, ellei kyseessä ole todella epätavallinen persoona.

Franciscus ja jotkut hänen ystävänsä ja seuraajansa olivat omin käsin kunnostaneet rappeutuneen kirkon, josta paikallinen piispa ja paikkakunnan ihmiset tulivat kateellisiksi. Kun Franciscus oli poissa he polttivat kirkon, ja tuossa tapahtumaketjussa yksi Franciscuksen opetuslapsiveljistä sai surmansa. Franciscus ajatteli tästä, että hän oli tehnyt pahan teon. Ehkäpä se mihin hän oli ryhtynyt, hänen luopumisensa maallisesta elämästä ja vanhan kirkon uudelleen rakentaminen oli virhe, koska yksi hänen veljistään oli kuollut. Niinpä hän päätti mennä tapaamaan paavia Roomaan. Hän ajatteli, että paavi on Jumalan edustaja. Hänen täytyy tietää kaikki. Hän osaisi varmasti sanoa, oliko hän tehnyt oikein vai väärin. Niinpä hän lähti matkaan.

Hän ja muutamat hänen munkkiveljensä kävelivät koko matkan. Rooma sijaitsee 175 kilometrin päässä Assisista. Se on pitkä matka kävellä paljain jaloin, munkin kaavussa tai karkeassa tunikassa kerjäten samalla ruokansa. He eivät olleet meidän kaltaisiamme, jotka nousemme autoon, ajamme sata kilometriä ja pysähdymme ravintolaan matkan varrella. Sellaista on meidän pyhiinvaelluksemme. Ei! Kylmässä tai kuumassa, sateessa, paljain jaloin, toisinaan ilman ruokaa, kymmenen päivää ja yötä – sellaista oli heidän pyhiinvaelluksensa.

Kun he saapuivat Vatikaaniin, nämä Jumalan kerjäläiset onnistuivat jotenkin järjestämään tapaamisen paavin kanssa. He olivat Jeesuksen todellisia opetuslapsia.

Minä vierailin Vatikaanissa ollessani teini-ikäinen. Se on ylitsevuotava kokemus! Valtaisa! Se kauneus! Laajuus! Ja runsaus! Tämä teki suurimman vaikutuksen Franciscukseen – runsaus. Hän ei päässyt siitä yli. Hän ei voinut uskoa siihen, koska sillä ei ollut mitään tekemistä Kristuksen kanssa. Hän katsoi joka puolelle. Siellä oli kuoro, musiikkia, satoja ihmisiä sekä paavi, joka istui valtaistuimella tämän rakennuksen keskellä.

Kaikki hovimiehet katsoivat heitä ja pitivät nenäänsä ajatellen: 'Mitä nämä likaiset kerjäläiset tekevät täällä? Kuinka he pääsivät sisään?' Myös paavi katsoi heitä epäilevin silmin.

Mitä tapahtuikaan seuraavaksi? Franciscus alkoi lainaamaan Raamattua, Kristuksen sanoja. Tässä on muutamia noista sanoista, jotka hän sanoi ääneen:

"Älkää kootko itsellenne aarteita maan päälle, missä koi ja ruoste raiskaa ja missä varkaat murtautuvat sisään ja varastavat. Vaan kootkaa itsellenne aarteita taivaaseen, missä ei koi eikä ruoste raiskaa ja missä eivät varkaat murtaudu sisään eivätkä varasta. Sillä missä sinun aarteesi on, siellä on myös sinun sydämesi."

Luulen, että Paavi oli Innocentius III, jolla todella taisi olla jotain viattomuutta. Sillä kuultuaan tämän Franciscuksen sanat läpäisivät paavin sydämen ja hän astui alas valtaistuimeltaan. Kun toiset kuulivat Franciksen puhuvan tällä tavoin, he ryntäsivät hänen luokseen ja huusivat: "Mikä loukkaus! Miksi hän puhuu tuolla tavoin? Minkä tähden hän puhuu noin?"

Nämä olivat Kristuksen sanoja, jotka hän sanoi! Eivät ne olleet kenenkään toisen sanoja, eikä hän itse ollut keksinyt niitä, ei hän itse ollut loukkaava. Ne olivat tämän suuren kirkon perustajan, Kristuksen, omia sanoja! Mutta he eivät ymmärtäneet Franciscusta. He tarttuivat häneen ja pidättivät hänet.

Papit työnsivät hänet ovesta ulos, mutta silloin paavi sanoi: "Seis! Tuokaa hänet takaisin!"

He toivat hänet takaisin ja paavi tuli hänen luokseen sanoen: "Olin samanlainen kuin sinä, kun olin nuori. Olin täynnä intoa nähdäkseni Jumalan ja elääkseni sellaista elämää, jota Kristus kehotti opetuslapsiaan elämään. Mutta syystä tai toisesta jäin kiinni tähän politikointiin! Olen iloinen nähdessäni viattomuutesi."

Mitä hän tekikään seuraavaksi? Kyseessä oli kahdeksankymmentävuotias paavi ja kaksikymmentävuotias kerjäläispoika. Paavi polvistui, laittoi päänsä Franciscuksen jalkoja vasten ja itki.

Kaikki muut ihmiset kirkossa ajattelivat: 'Hyvä Jumala, mitä nyt tapahtuu?'

"Älkää olko huolissanne", eräs viisas mies sanoi. "Paavi tietää mitä hän tekee. Jos hän osoittaa tällaista kunnioitusta tälle köyhälle miehelle, hän saa kaikki köyhät ihmiset palaamaan kirkkoon."

Se ei tietenkään ollut paavin tarkoitus. Ei hän ollut niin laskelmoiva, hänen on täytynyt olla jollakin tavoin viaton tunteakseen niin kuin hän tunsi. Hän nousi ylös ja palasi vastentahtoisesti takaisin valtaistuimelleen. Pyhä Franciscus lähti ja palasi takaisin pieneen kirkkoonsa Assisissa.

Kristus sanoi:

"Silmä on ruumiin lamppu. Jos siis silmäsi on terve, niin koko sinun ruumiisi on valaistu. Mutta jos silmäsi on viallinen, niin koko ruumiisi on pimeä. Jos siis se valo, joka sinussa on, on pimeyttä, kuinka suuri onkaan silloin pimeys."

Tämä tarkoittaa, että minkälainen hyvänsä on mielemme tila, sellaisena näemme asiat silmillämme. Jos mielemme on täynnä Jumalaa, näemme kaiken Jumalana. Varas näkee kaikessa jotakin mitä hän voi varastaa. Hyvä ihminen näkee kaikessa mahdollisuuden tehdä jotakin hyvää. Joten kaikki mitä näemme, heijastaa sisäistä tilaamme. Silmät ovat vain ikkunat, joiden kautta kaikki kulkee mieleemme, jossa tulkinta muodostuu, samaan tapaan kuin aurinkolasit värjäävät näkökenttämme. Jos mielessämme on hyviä ominaisuuksia, kaikki näyttää hyvältä.

Yudhisthira oli vanhin Pandavien veljeksistä, kuuluisista Pandavista, jotka olivat Sri Krishnan sukulaisia. On olemassa sanonta, että Yudhisthiralle ei koskaan syntynyt vihollista. Mutta Yudhisthiralla oli todella monia vihollisia! Itse asiassa ne puoli miljoonaa ihmistä, jotka tapettiin Mahabharatan sodassa olivat Yudhisthiran vihollisia! He olivat kaikki liikkeellä saadakseen napattua hänet. Miksi siis sanotaan, että hänellä ei ollut vihollisia? Koska hän ei pitänyt ketään vihollisenaan, hän koki kaikki ystävinään. Koska hänen mielensä oli niin puhdas, hän ei koskaan ajatellut, että joku olisi ollut hänen vihollisensa, niinpä hänellä ei ollut vihollisia! Hän oli viaton. Tätä kutsutaan mielen puhtaudeksi tai 'puhtaaksi silmäksi'. Tällaisella ihmisellä on aina Jumalan suojelus.

Mies joka ei pelännyt hyttysiä

Tällainen on Kristuksen opetus luopumisesta:

"Ei kukaan voi palvella kahta herraa; sillä hän on joko tätä vihaava ja toista rakastava, taikka tähän liittyvä ja toista halveksiva. Ette voi palvella Jumalaa ja

89

mammonaa. Sen tähden minä sanon teille: älkää murehtiko hengestänne, mitä söisitte tai mitä joisitte, älkääkä ruumiistanne, mitä päällenne pukisitte. Eikö henki ole enemmän kuin ruoka ja ruumis enemmän kuin vaatteet? Katsokaa taivaan lintuja: eivät ne kylvä eivätkä leikkaa eivätkä kokoa aittoihin, ja teidän taivaallinen Isänne ruokkii ne. Ettekö te ole paljoa suurempiarvoiset kuin ne? Ja kuka teistä voi murehtimisellaan lisätä ikäänsä kyynäränkään vertaa? Ja mitä te murehditte vaatteista? Katselkaa kedon kukkia, kuinka ne kasvavat; eivät ne työtä tee eivätkä kehrää. Kuitenkin minä sanon teille: ei Salomo kaikessa loistossansa ollut niin vaatetettu kuin yksi niistä. Jos siis Jumala näin vaatettaa kedon ruohon, joka tänään kasvaa ja huomenna uuniin heitetään, eikö paljoa ennemmin teitä, te vähäuskoiset?"

Joten älkää murehtiko sitä, saatteko te riittävästi ruokaa ja vaatteita.

"Sillä tätä kaikkea pakanat tavoittelevat. Teidän taivaallinen Isänne kyllä tietää teidän kaikkea tätä tarvitsevan. Vaan etsikää ensin Jumalan valtakuntaa ja hänen vanhurskauttansa, niin myös kaikki tämä teille annetaan."

Nämä eivät ole pelkkiä sanoja. Jokainen vilpitön maailmastaluopuja on kokenut nämä sanat todeksi. On hyvin vaikeaa luopua kaikesta ja luottaa Jumalaan, mutta jokainen, joka on tehnyt niin, on saanut kokea Jumalan suojeluksen.

Tunsin kerran ihmisen, joka oli luopunut kaikesta. Hänellä ei ollut mitään muuta kuin kaksi vaatekappaletta, kaksi dhotia, mutta ne olivat hyvin pitkiä, joten hän saattoi kääriä ne sekä yläkehonsa että alakehonsa peitoksi. Hän vannoi, että ei tulisi pyytämään keneltäkään mitään ja että hän viettäisi elämänsä kävellen pyhiin paikkoihin. Intia on täynnä pyhiä paikkoja, joita pyhimykset ja tietäjät ovat perustaneet aikojen saatossa. Hän päätti, että hän käyttäisi kaksikymmentäviisi vuotta tällä tavoin, kävellen pyhästä paikasta toiseen.

Jokaisessa pyhässä paikassa hän harjoittaisi sadhanaa, meditaatiota ja seuraisi pujia (jumalanpalveluksia). Ja hän kärsi paljon. Hän käveli eikä noussut yhdenkään kulkuneuvon kyytiin kahdenkymmenenviiden vuoden aikana! Hän meni Himalajalle, missä on todella kylmä. Voitko kuvitella meneväsi t-paidassa ja shortseissa ulos? Entäpä, että nukkuisit ulkona tuolla tavoin? Kuinka pitkään? Ei vain muutamia tunteja vaan kaksikymmentäviisi vuotta!

Eräänä yönä olin samassa huoneessa hänen kanssaan ja siellä oli paljon hyttysiä. Jokainen niistä oli samankokoinen kuin cashewpähkinä. Ja keskikoisessa huoneessa täytyi olla ainakin viisitoista- tai kaksikymmentätuhatta hyttystä. Oli kuin vedinen resitointi olisi ollut menossa. Olet saattanut kuulla, kun joukko brahmiineja lyöttäytyy yhteen toistamaan Vedoja. Kuinka kovaäänistä se onkaan? Hyttysten ininä oli samanlaista. Mutta toisin kuin Vedojen toistaminen, se oli sietämätöntä! Joku antoi minulle hyttysverkon, jonka levitin päälleni ja olin jotakuinkin rauhallinen, lukuun ottamatta kahta tai kolmea hyttystä, jotka pääsivät sisäpuolelle ja olivat tehdä minut hulluksi.

Entä mitä hän teki? Hän makasi puulattialla: ilman hyttysverkkoa, ilman peittoa, ilman tyynyä, ilman mitään. Minulla oli patja, tyyny, peitto, kaikki mahdollinen. Hänellä oli vain toinen vaatekappaleensa, jota hän piti. Hän peittosi itsensä sillä – ohuella puuvillakankaalla. Ja kuinka rauhallisesti hän nukkuikaan! Ne söivät hänet varmaankin elävältä! Mutta ei hän välittänyt. Ja sitten hän nousi kahden aikaan yöllä ylös toistaen – "Ram! Ram! Ram! Ram!" – kuuteen tai seisemään asti aamulla.

Kun katsoin häntä tarkkaavaisesti aamulla, ajatellen, että hän olisi veren peitossa, hänessä ei ollut nähtävissä yhtäkään hyttysen puremaa. Hän oli antautunut Jumalan tahdolle uskoen, että Jumala pitäisi hänestä huolen. Eikä hän kuollut nälkään. Hän oli yhä elossa kaksikymmentäviisi vuotta myöhemmin. Hän oli hoikka, mutta hoikkuus ei tarkoita heikkoutta. Hän oli hyvin vahva. Kun hän kuunteli bhajaneita, hänestä tuli autuaallinen. Hän ei kyennyt hallitsemaan itseään, niinpä hän nousi ylös. Hän alkoi tanssia, juosta, huutaa, kirkua ja nauraa. Hän kaatui nauraen maahan, koska oli luopunut kaikista muista ajatuksista, paitsi Jumalaa koskevista ajatuksista. Niinpä kun hän kuuli bhajaneita, hänen mielensä suuntautui niihin. Hän sulautui Jumalaan ja Jumala on autuus, Jumala ei ole mikään synkkä hahmo. Jumala on autuuden ydinolemus, niinpä hän vajosi autuuteen, ekstaasiin.

Kristus ja rikas mies

Tämä ei tarkoita sitä, että meidän kaikkien tulisi vaeltaa dhoti päällämme ympäriinsä, korkealla vuoristossa, seuraavat kaksikymmentäviisi vuotta tai tehdä jotakin vastaavaa. Mutta meidän pitäisi minimoida tarpeemme, olla hankkimatta tarpeettomia asioita. Kuinka monta ylimääräistä kenkäparia, vaatetta ja muita asioita meillä onkaan? Se on uskomatonta! Pidä vain se mikä on välttämätöntä. Anna kaikki muu pois. Emme tarvitse sitä. Emme edes rahaa. Kuinka paljon me tarvitsemme? Pidä se mikä on tarpeen, anna loput pois! Näin Kristus sanoi rikkaalle miehelle, joka tuli hänen luokseen. Mitä hän sanoikaan"

> "Eräs mies tuli kysymän Jeesukselta: 'Opettaja, mitä hyvää minun pitää tehdä, jotta saisin iankaikkisen elämän?'

Ehkä hänen ei olisi pitänyt kysyä! Älä kysy Jumal-oivalluksen saavuttaneelta, jos et ole valmis kuulemaan vastausta. Todella. Vakavasti ottaen, on parempi, että et kysy, jos et seuraa hänen antamaansa ohjetta.

"Mitä minun pitää tekemän, että minä iankaikkisen elämän saavuttaisin?"

Hän ajatteli, että vastaus tulisi olemaan yksinkertainen: meditoi viisi minuuttia kaksi kertaa päivässä ja syö kasvisruokaa – jotakin tämän kaltaista. Mitä Kristus sanoo? "'Miksi sinä minulta hyvästä kyselet? On vain yksi, joka on hyvä. Jos haluat päästä sisälle elämään, noudata käskyjä.' Mitä käskyjä?' mies kysyi. 'Näitä', vastasi Jeesus, 'älä tapa, älä tee aviorikosta, älä varasta, älä todista valheellisesti, kunnioita isääsi ja äitiäsi, ja rakasta lähimmäistäsi niin kuin itseäsi.' Hän oli jo tehnyt kaiken tuon eikä hänellä siltikään ollut ikuista elämää. Mitä hän siis teki väärin?

Näin teksti jatkuu:

"Jos tahdot olla täydellinen, niin mene ja myy kaikki, mitä sinulla on, ja anna rahat köyhille. Silloin sinulla on aarre taivaassa. Tule sitten ja seuraa minua.' Mutta kun nuorukainen kuuli nämä sanat, hän lähti surullisena pois, sillä hänellä oli paljon omaisuutta. Silloin Jeesus sanoi opetuslapsilleen: 'Totisesti: rikkaan on vaikea päästä taivasten valtakuntaan. Minä sanon teille: helpompi on kamelin mennä neulansilmästä kuin rikkaan päästä Jumalan valtakuntaan.'

Tämä ei tarkoita, että joku seisoisi helmikoristeisella portilla sanoen: "Oletko rikas? Et voi päästä sisään. Me päästämme tänne vain köyhiä. Maan päällä on päinvastoin." Ei. Se tarkoittaa, että jos mieli on täynnä maallisia ajatuksia, kuinka voisimme ajatella Jumalaa.

Tai, jos tarkastelemme asiaa tiedon tien näkökulmasta, jos mielemme on aina suuntautunut ulospäin, kuinka voisimme saada sen pysymään Itsessä? Yhdeksänkymmentäyhdeksän prosenttia ihmisistä, jotka ovat varakkaita, ovat varakkaita siksi, koska haluavat olla varakkaita. Niinpä heidän mielensä askartelee aina tällaisten asioitten parissa. Kuinka he voisivatkaan ajatella samalla Jumalaa? Tietenkin on olemassa harvinainen ryhmä, kenties yksi prosentti, joilla on paljon rahaa, koska se on heidän kohtalonsa, mutta jotka eivät ole kiintyneitä siihen. He eivät laskelmoi. He käyttävät rahaa tarpeen mukaan ja ovat hyvin anteliaita. Ja he kykenisivät nousemaan ja jättämään sen kaiken yhdessä minuutissa, olla koskaan katsomatta taakseen. Niinpä hän sanoo, että heidän, jotka ovat kiintyneet omaisuuteen on lähes mahdotonta päästä taivasten valtakuntaan. Toisin sanoen heidän on mahdotonta meditoida todella syvästi.

Tämä huomautus hämmensi opetuslapsia – jopa opetuslapsia! Vaikka he eivät olleetkaan rikkaita. He vain ajattelivat: 'Mitä hän sanookaan? Tarkoittaako hän, että kuka hyvänsä, joka on kiintynyt rahaan, ei voi saavuttaa Jumalaa?'

"Kun opetuslapset kuulivat tämän, he olivat ihmeissään ja kysyivät: 'Kuka sitten voi pelastua?' Jeesus katsoi heihin ja sanoi: 'Ihmiselle se on mahdotonta mutta Jumalalle on kaikki mahdollista."

Niinpä Jumalan armosta jopa joku, joka on kovin kiintynyt omaisuuteen, voi oivaltaa Hänet. Mikään ei ole mahdotonta. Itse asiassa emme tule oivaltamaan Jumalaa omin ponnistuksin. Silti meidän pitää yrittää niin paljon kuin mahdollista ja loppu on sitten Jumalan käsissä.

Kristuksen kaikkein tärkein opetus

Kun Kristus oli puhunut opetuslapsilleen ja kun hän oli tehnyt useita ihmeitä voimistaakseen ihmisten uskoa, hän ryhtyi tuhoamaan pahantekijöitä. Tämä oli yksi hänen tavoitteistaan, puhdistaa yhteiskunta. Hän ei tehnyt heille mitään muuta kuin poisti heissä olevan pahan, jotta heissä oleva lapsi, jumalallinen lapsi, viaton lapsi voisi heissä loistaa – aivan niin kuin Ammakin tekee. Noina päivinä fariisealaiset ja saddukeukset, papit, olivat heitä, joiden olisi tullut osoittaa kansalle tie Jumalan luo. Mutta eivät he välittäneet siitä sen enempää kuin mistään muustakaan todella uskonnollisesta. He välittivät enemmän liiketoiminnasta. Niinpä Kristus sanoi heistä: "Te teette temppelistä markkinapaikan!"

Hän meni sinne sisälle alkaen pudotella esineitä alas vasemmalta ja oikealta puoleltaan. Hän sanoi: "Te teette siitä rosvojen luolan!"

Papit pyörittivät kaikkea noina aikoina. Koska heissä ei ollut totuutta, he eivät voineet hyväksyä hänen sanojaan. Myöhemmin he juonivat häntä vastaan ja veivät hänet oikeuteen. Häntä koeteltiin, tuomittiin ja teloitettiin. Hänet ristiinnaulittiin.

Näyttää siltä, että ennen tätä Israelissa oli olemassa monia mahatmoja, jumalallisia profeettoja, jotka olivat sanoneet eri vaiheissa, että tällaista tulisi tapahtumaan. He olivat sanoneet, että joku tulisi, *avataara*. He kutsuivat häntä messiaaksi tai voidelluksi. Hän olisi ennen elämäänsä syntyneiden ihmisten *dharmisen* elämän huipentuma. Tästä kaikesta oli kerrottu etukäteen, jopa siitä mitä hän tulisi sanomaan. Ja kun häneltä kysyttiin: "Oletko sinä se?"

Hän sanoi: "Minä olen se."

Siitä huolimatta he eivät kyenneet hyväksymään sitä. Niinpä hänet lopulta ristiinnaulittiin. Ennen kuin hän kuoli, hän sanoi: "Isä, anna heille anteeksi, sillä he eivät tiedä mitä he tekevät."

Amma sanoo, että tällainen tulisi olla meidän asenteemme, jotta voisimme saada itsellemme tuollaisia ominaisuuksia. Noilla *mahatmoilla* oli voima, millä he olisivat voineet korjata tilanteen. He omasivat voiman suojella itseään, mutta he eivät toimineen niin. Toisaalta he painottivat anteeksiantoa, armoa ja myötätuntoa.

Kristuksen viimeiset sanat olivat parhaat mahdolliset, mitä hän saattoi sanoa. Meidän pitää muistaa. Nämä sanat antavat meille voimaa jatkaa. Ne antavat meille lohdun ja uskon, jonka voimalla voimme olla rauhallisia tapahtui sitten mitä hyvänsä. Jumala on kanssamme.

Kolme päivää sen jälkeen, kun Jeesus oli tapettu, hän elvytti ruumiinsa, ja toi sen takaisin elämään, mikä on lasten leikkiä hänenlaiselleen henkilölle. Hän tuli opetuslastensa luokse ja puhui heille. Ja juuri ennen kuin hän jätti tämän maailman lopullisesti, hän sanoi: "Ja katso, minä olen teidän kanssanne kaikki päivät maailman loppuun asti."

Takertumattomuus – 1

Amman Omkara Divya Porule -laulu käsittelee vedantaa tai advaita-filosofiaa, jonka mukaan me olemme Atman, emme keho. Keho kuolee, mutta emme me ja se autuus jota etsimme kaiken aikaa, joka päivä, jokaisena elämämme hetkenä, ei ole ulkopuolellamme vaan todellisessa Itsessämme. Amma ei ole kirjoittanut näitä säkeitä. Ne ovat pikemminkin kokoelma siitä, mitä hän on sanonut – hänen opetuksistaan. Yksi brahmachareista kirjoitti ne muistiin laulun muotoon. Yksi säkeistä kuuluu:

Tyagam manassil varanyal kurum tapam varum mayamulam
A satiraikiloklesam varum sarva nasam varum buvil arkum

Tämä tarkoittaa, että jos mieli ei ole takertumaton, ihminen joutuu kokemaan harhan vaikutuksesta suurta kärsimystä. Jos halua ei poisteta, seurauksena on tuska, joka aiheuttaa lopulta kenen tahansa tuhoutumisen tässä maailmassa.

Nämä ovat ankaria sanoja. Amma haluaa ilmiselvästi, että me heräisimme ymmärtämään tämän totuuden mahdollisimman pian. Mutta suurin osa meistä joutuu käymään "kovien iskujen koulua" ennen kuin näin tapahtuu.

Bhartriharin tarina

Keskustellessamme tästä laulun säkeestä, kerroin tarinaa mahatmasta nimeltään Bhartrihari, joka oli kuningas. Bhartrihari oli suuri oppilas ja kuningas, mutta ei munkki. Hän eli viidennellä vuosisadalla. Eräänä päivänä pyhimys tuli hänen luokseen ja antoi hänelle hedelmän sanoen: "Jos syöt tämän hedelmän, saavutat kuolemattomuuden tai elät hyvin pitkään." Kuningas antoi hedelmän kuningattarelle, joka oli hänen mielitiettynsä. Kuningatar antoi sen poikaystävälleen. Poikaystävä antoi sen tyttöystävälleen. Tyttöystävä antoi sen omalle poikaystävälleen. Tällä tavoin se päätyi jollekulle kaupungin laitamilla. Tuo henkilö koki, ettei ollut sen arvoinen ja että kuningas olisi sopivin saamaan tällaisen ihmeellisen hedelmän, niinpä he menivät kuninkaan luo ja antoivat sen hänelle. Kuningas jäljitti hedelmän kulkureitin ja sai selville, että hänen vaimonsa ei ollut uskollinen hänelle.

Ymmärrettyään, että se, jonka hän oli ajatellut rakkaimmakseen, oma vaimo, ei ollutkaan uskollinen hänelle – että niin kutsuttu rakkaus olikin huijausta – se herätti hänet mayan unesta. Hän alkoi miettiä vakavampia asioita. Hän päätti jättää sen maailman, jossa hän oli viettänyt koko elämänsä tavoitellen unelmiaan. Hänestä tuli sanjaasi ja hän asettui asumaan Ujjaissa, Uttar Pradeshissa olevaan luolaan. Hän teki henkisiä harjoituksia lopun elämäänsä ja kirjoitti satoja sanskritinkielisiä säkeitä takertumattomuudesta.

Nämä loisteliaat säkeet tunnetaan nimellä *Vairagya Satakam*. Ei kenties ole olemassa toista vastaavanlaista teosta, joka käsittelisi takertumattomuutta ja luopumista kuin tämä. Vastaavanlainen teos on Shankaracharyan *Bhajagovindam*, joka käsittelee niin ikään maailman katoavaisuutta, maallisen onnen harhanomaista luonnetta ja Itse-oivalluksen suuruutta.

Vairagya Satakam on kuin Amman opetusten kommentointia. Miksi Amma painottaa niin paljon takertumattomuutta? Kuten olemme monesti todenneet, luopuminen ei tarkoita, että meistä pitäisi tulla sanjaaseja ja että vetäytyisimme metsään tai eläisimme ashramissa harjoittaen *tapasia*. Jokainen joutuu harjoittamaan tietyn määrän luopumista jokapäiväisessä elämässään.

Sanokaamme, että tulemme koulusta kotiin. Huomenna edessämme on koe, mutta mielemme sanoo: 'Haluan katsella televisiota.' Älymme sen sijaan sanoo: 'Ei, ei. Minun täytyy tehdä kotitehtäväni tai en suoriudu kokeesta.' Mitä silloin teemme? Seuraammeko sitä, mitä mielemme ja aistimme sanovat vai seuraammeko sitä, mitä älymme sanoo? Pelaammeko tietokonepelejä vai opiskelemmeko? Toivottavasti laitamme hetkellisen nautinnon syrjään ja teemme sitä, mikä tuottaa pitkäaikaista hyötyä. Tätä kutsutaan luopumiseksi.

Itse asiassa näin me kaikki toimimme. Jos haluamme menestyä missä tahansa, meidän pitää harjoittaa mielen ja aistien hallintaa, koska mielen ja aistien olemukseen kuuluu, että ne vaeltavat. On luonnollista kokea, että onnellisuus on ulkopuolella, aistikohteissa; näin kaikki kokevat, mutta jos annamme aistiemme juosta valtoimenaan ja tehdä mitä ne haluavat, se tuhoaa meidät. Silloin meillä ei ole lainkaan keskittyneisyyttä. Emme kykene tekemään mitään kunnolla. Jäämme kuoppaan.

Upanishadeissa kerrotaan miehestä, joka ajaa hevosvaunuilla pitäen ohjaksia käsissään. Jos laskemme otteen ohjaksista ja annamme hevosten juosta vapaasti, mitä tapahtuukaan? Päädymme tien sivulla olevaan kuoppaan. Satutamme silloin itsemme. Niinpä meidän pitää opetella pitämään ohjaksia tiukasti ja hallita siten hevosia. Aistimme ovat samanlaisia. Jos emme opi tätä, joudumme kärsimään. Sillä ei ole väliä keitä olemme. Tällainen on luonto.

Sanokaamme, että kaasuliedellä on liekki, ja emme tiedä mitä tuli on. Olemme vielä kovin nuoria – vain vuoden ikäisiä. Nähdessämme kauniin liekin ajattelemme: 'Onpa se hieno. Onpa se kaunis!' Ja sitten laitamme siihen pienet sormemme. Mitä tapahtuu? Poltamme sormemme. Emme voi sanoa tulelle: 'Olen vain pieni tyttö. En tiennyt, että polttaisit minua. Et olisi saanut polttaa.' Luonnon lait ovat sellaisia, että ne eivät välitä siitä, kuka toimii niitä vastaan. Ne eivät välitä siitä, kuinka viattomia olemme tai kuinka tietämättömiä. Sellaisia ovat luonnonlait. Aistit eivät välitä meistä, niillä on oma luontonsa, myös mielellä on oma luontonsa. Mutta meidän, jotka olemme sielu, Atman, on opittava hallitsemaan niitä, jos haluamme itsellemme rauhallisen elämän kaoottisen elämän sijaan.

Amma sanoo, että itsensä hallitsemisen voi viedä huippuunsa siten, että mielestä tulee niin hallittu ja tyyni, että se sulautuu takaisin alkulähteeseensä, jolloin saavutamme Itse-oivalluksen. Jos haluamme kokea keitä todella olemme, että olemme todellisuudessa kuolematon atman emmekä keho, mielestä täytyy tulla täydellisen tyyni. Myös bhaktin tai antaumuksen näkökulmasta tämä on ehtona sille, että voimme oivaltaa Jumalan. Mielen ulospäin suuntautuvaa taipumusta pitää hillitä, voidaksemme kehittyä ja saavuttaa henkisen oivalluksen.

Parikshit ja Srimad Bhagavatam

Moni meistä on varmaankin lukenut *Srimad Bhagavatamia*. Se kertoo Krishnan elämään liittyviä tarinoita ja Vishnun inkarnaatioista. Se pitää sisällään myös tarinoita Vishnun oppilaista ja kuninkaista. Se kertoo näin antiikin Intian historiasta ja on täynnä henkisiä opetuksia.

Se kerrotaan kuninkaalle, jonka nimi on Parikshit, jolla oli vain seitsemän päivää elinaikaa. Hänen kohtaloonsa kuului, että myrkyllinen käärme pistäisi häntä, jolloin hän kuolisi. Kun hän kuuli tästä, hän näki elämänsä aivan eri tavalla kuin ennen. Siihen asti hän oli nauttinut elämästä. Kun hän kuuli, että hän kuolisi viikon kuluttua, kaikki muuttui. Hän oivalsi: 'Mitä hyötyä on kaikesta siitä, mitä olen tehnyt elämässäni? Mitä hyötyä on kuningaskunnasta, perheestäni, omaisuudesta, arvovallasta, terveydestä? Se kaikki menee kankkulan kaivoon viikon kuluttua. Eikö ole olemassa mitään pysyvämpää kuin kaikki tämä?'

Koska hän oli henkinen ihminen, hän tiesi, että Itsen, atman, näyn saaminen Jumalasta olisi arvokkaampaa kuin maailman katoavaiset asiat. Niinpä hän istuutui Gangesin rannalle ja ryhtyi meditoimaan.

Tiedättekö, miksi meditoimme? Koska mieli on niin rauhaton, että meidän pitää rauhoittaa se jollain tavoin saavuttaaksemme sisäistä rauhaa. Yksi menetelmistä on meditaatio. Kun saavumme siihen pisteeseen, että haluamme kokea sisäistä rauhaa, koemme että aistien maailma on suuri häiriötekijä. Henkisten harjoitusten kautta alamme kokea paineen, jonka aistit synnyttävät meille. Kaikki viisi aistiamme suuntautuvat eri suuntiin. Ne haluavat saada ärsykkeitä ja tyydytystä. Jotkut ihmiset ovat kokeneet kaiken sen mitä ovat halunneet aistiensa välityksellä, eivätkä ole siltikään saavuttaneet täyttymystä. He oivaltavat: 'Mikä kauhistuttava asia tämä onkaan! Aistini repivät minut hajalle. Vaikka en haluaisikaan, silti ne esittävät minulle omia vaatimuksiaan.' Tuo ulospäin suuntautuminen johtuu *vasanoista*.

Amma kertoo meille siitä, mitä *vasanalla* tarkoitetaan. Päätämme, 'En tee enää sitä uudelleen', mutta tottumuksemme saa meidät jälleen tekemään niin. Hän kertoo koirasta ja sakaalista. Aina kun sakaali kulki ohi, koira alkoi haukkua. Niinpä koira päätti: 'En aio hukata aikaani tällä tavoin. Miksi minun pitäisi haukkua sakaalia?' Mutta seuraavan kerran kun sakaali kulki ohi, koira ryhtyi jälleen haukkumaan.

Tai kissa, joka kyllästyi pyydystämään hiiriä ja halusi oppia lukemaan ja kirjoittamaan. Se ajatteli: 'Täytyy olla parempi tapa ansaita elanto kuin juosta hiiren perässä. Jospa opettelen lukemaan ja kirjoittamaan. Voin ehkä saada itselleni työtä, väliaikaista tietenkin.' Niinpä se hankki itselleen oppikirjan. Sillä oli tapana istua iltaisin kynttilän valossa lukemassa opintomateriaalia. Kaikki meni hyvin viikon ajan. Kunnes eräänä iltana hiiri juoksi ohi. Kissa hypähti kynttilän yli ja juoksi hiiren perään unohtaen oppiläksynsä.

Tällainen on *vasana*. Päätämme: 'En enää tee näin – olkoon se sitten mitä hyvänsä.' Kun tilanne tulee sitten eteemme, teemme jälleen niin! Tässä on toinen syy sille, miksi on syytä kehittää itsehillintää ja luopumista, jotta emme tanssisi aistiemme ja tottumustemme tahdissa.

Kuningas Parikshit yritti meditoida, mutta ei kyennyt. Kun janoamme sisäistä rauhaa – olkoon syy mikä tahansa – koska olemme kärsineet paljon tai olemme saaneet väläyksen jostakin henkisestä tilasta tai olemme tavanneet Amman kaltaisen *mahatman* – kun todella kaipaamme sitä, silloin opettajamme ilmestyy. Meidän ei tarvitse etsiä mestaria tai gurua. Se tapahtuu. Tuon kohtaamisen täytyy tapahtua. Sellainen on luonnon henkinen lainalaisuus.

Kun Parikshit istui kamppaillen, suuri mahatma Suka saapui paikalle. Hän vihkisi Parikshitin ainutlaatuisella tavalla – kertomalla pitkän tarinan. Sen kertominen vei seitsemän päivää. Se oli *Srimad Bhagavatam*. Aivan tarinan lopussa Suka sanoi: "Kerroin sinulle kaiken tämän maailmankaikkeuden olemuksesta, siitä mitä henkisyys, antaumus, meditaatio, viisaus ja takertumattomuus ovat yhden syyn takia – jotta voisit saada tunteen siitä, mitä takertumattomuus aistikohteisiin on. Ainoastaan jos se herää sinussa, kykenet kokemaan sielusi rauhaa ja autuutta."

Johtuen antaumuksestaan Jumalalle ja kuoleman läheisyydestä Sukan sanat paljastivat maailman todellisen luonteen Parikshitille. Lopulta hän sulki silmänsä kuunneltuaan seitsemän päivää Bhagavatamia, ja repäisi harhan verhon auki; hänen mielensä pysähtyi täydellisesti, se seisahtui. Tuossa hiljaisessa mielessä hän näki todellisen Itsensä. Hän menetti kehotietoisuutensa, kaiken tietoisuuden maailmasta. Jos meillä ei ole tietoisuutta kehosta, emme ole myöskään tietoisia maailmasta. Aivan kuin unessa, kun menetämme tietoisuuden kehosta, ei maailmaakaan ole olemassa. Hän menetti kaiken ulkoisen tietoisuuden, mutta hän oli täysin tietoinen todellisesta Itsestä sisällään. Kun hän oli tuossa tilassa, käärme tuli, pisti häntä ja hänen ruumiinsa kuoli. Mutta hän oli sulautunut ikuisesti atmanin autuuteen.

Bhartriharin sanat halusta ja luopumisesta

Luopuminen – siinä mielessä, että kykenee laittamaan mielen pois päältä, sulkemaan aistit ja olemaan täydellisen hiljaa, pyrkien saavuttamaan sisäisen näyn – on hyvin tarpeellista. Saavutamme tämän satsangin avulla, Amman kaltaisen henkilön läheisyydessä tai pyhien kirjoitusten tarinoiden avulla. *Vairagya Satakam* kirjoitettiin tätä tarkoitusta varten. *Bhartrihari* on varmastikin kirjoitettu ensi sijassa ilmentämään hänen omia kokemuksiaan, mutta myös toisten hyväksi.

"Kaikki kunnia Shivalle, tiedon valolle, joka asustaa joogin sydämen temppelissä, joka poistaa nousevan auringon lailla loputtoman tietämättömyyden yön, joka peittoaa ihmismieltä, jonka heräämistä seuraa kaikki hyvinvointi ja menestys, joka poltti panssarin niin kuin yöperhosen, ja joka ilmenee nyt säteilevänä kuunsirppinä, joka koristaa hänen otsaansa."

Bhartriharin *ishta devata*, rakkain jumalhahmo, oli Shiva, niinpä hän aloittaa teoksensa rukoilemalla Shivaa. Hän ylistää Shivaa. En lue teille jokaista säettä. Säkeitä on satoja ja luen teille noin kolmekymmentä niistä.

"Emme ole saaneet nauttia maallisista nautinnoista, ne ovat nielaisseet meidät."

Olen varma, että jokainen meistä on joskus syönyt liikaa. Ruoka näytti niin herkulliselta. Nautimme siitä, mutta emme kyenneet lopettamaan syömistä. Mitä tapahtui? Aloitimme nautinnosta, mutta päädyimme tuskaan, vatsakipuun. Tämän aistit voivat saada aikaan. Kohtuus on hyvä, mutta jos emme hallitse aistiemme kiihottumista, niin sen sijaan että me söisimme aisteillamme, ne syövätkin meidät.

"Emme ole tehneet uskonnollisia itsekuriharjoituksia, mutta meitä on korvennettu. Aika ei ole kulunut, vaan me olemme kuluneet, sillä kuolema lähestyy. Halujen voima ei ole heikentynyt, vaikka me olemme heikentyneet vanhuuden lähestyessä."

Amma sanoo, että olipa ihminen kuinka vanha tahansa – vaikkapa satavuotias – halu on hänessä edelleen samanlainen kuin kuusitoistavuotiaana. Vaikka näet edessäsi vanhuksen, älä ajattele, että hänellä ei ole enää haluja. Heidän halunsa ovat yhtä voimakkaita kuin kuusitoistavuotiaalla nuorukaisella.

"Rypyt ovat asettuneet kasvoihin. Harmaat hiukset ovat maalanneet pään valkoiseksi. Raajat ovat heikentyneet, mutta halu yksin on elinvoimainen."

Keho rapistuu, mutta halut eivät heikkene; sellainen on niiden luonto. Jos emme tee jotakin asian eteen, ne eivät heikkene iän myötä. Älkää ajatelko: 'Kun olen kahdeksankymmentävuotias, lopetan kaiken maallisen toiminnan ja menen ashramiin meditoimaan.' Halut eivät lopu itsestään ja juuri halut tekevät mielestä ja aisteista levottomia. Ne eivät ole niin abstrakteja kuin ehkä ajattelemme. Vaikka niillä ei ole muotoa, tiedämme mitä ne ovat, tai ainakin mihin ne johtavat. Niiden voima saa mielemme suuntautumaan ulospäin.

"Vaikka ystäväni, rakkaat kuin elämä itse, ovat nousseet nopealla lennolla kohti taivaita, vaikka yllyke nauttia on vähentynyt ja ihmisten lahjoittama arvostus on päättynyt, vaikka kaihi on heikentänyt näköni ja ruumiini

kykenee vielä nousemaan vaivalloisesti pystyasentoon
kepin tukemana, silti ruumiini vapisee – oi ymmärtä-
mättömyys – ajatellessani katoamistani kuolemassa."

Vaikka kehoni rapistuu, ystäväni ovat kuolleet ja olen niin vanha,
että kykenen vain vaivalloisesti nousemaan pystyasentoon keppini
tukemana, kun ajattelen kuolemaa, minä vapisen.

"Toivo on kuin virtaava joki, jonka vesimassat muo-
dostuvat loputtomista haluista. Kaipuun aallot saavat
sen raivoamaan, takertuminen erilaisiin kohteisiin ovat
sen saaliseläimiä. Juonittelevat ajatukset ovat lintuja,
ja se tuhoaa matkallaan kärsivällisyyden ja rohkeuden
mahtavat puut. Tietämättömyyden pyörteet ja veden
syvyys tekevät siitä läpäisemättömän. Sen rantamat ovat
äkkijyrkkiä estäen levollisen harkinnan. Suuret joogit,
joilla on puhdas mieli, ylittävät tämän joen voidakseen
nauttia korkeimmasta autuudesta."

Toivomusta tai halua seuraa toive halun toteutumisesta. Tämä
ajatuksenjuoksu on mayaa. Pyhät kirjoitukset sanovat niin ja
Amma sanoo niin. Kaikki tietäjät ja pyhimykset opettavat samoin.
Ajatus siitä, että olisimme lopullisesti onnellisia saadessamme
jotakin itsemme ulkopuolelta, johtuu kosmisesta harhasta, jota
kutsutaan mayaksi.

Henkinen elämä kokonaisuudessaan on pyrkimystä ylittää
mayan voima. Jos haluamme matkustaa avaruuteen tai haluamme
voittaa maan vetovoiman, mitä meidän on silloin tehtävä? Jos vain
istumme paikoillamme, mitään ei tapahdu. Tarvitsemme raketin.
Kun se saavuttaa tietyn nopeuden, se voittaa maan vetovoiman.

Voimme istua maan päällä lopun ikäämme. Maan vetovoi-
ma ei tule luovuttamaan, sellainen on sen olemus. Sama koskee
mayaa, se ei tule koskaan laskemaan meitä otteestaan. Kyse ei ole
siitä, että se olisi julma tai paha tai että kyse olisi huonosta vitsistä.

Sellainen on sen olemus. Tuli ei ole julma. Sillä on tarkoituksensa. Voimme kuvitella minkälaista olisi, jos maan vetovoimaa ei olisi olemassa? Mitä silloin tapahtuisi? Me leijailisimme kaikki huoneessa ja jos menisimme ulos, leijailisimme avaruuteen. Maan vetovoima on tarpeellinen.

Jos haluamme paeta mayan voimaa, jos emme halua tanssia aistiemme toiveiden mukaisesti, jos haluamme olla vapaita siitä harhasta, että onni voisi seurata väliaikaisia asioita, meidän pitää kilvoitella. Meidän on kilvoiteltava niin kauan kunnes onnistumme pakenemaan. Sitä kutsutaan *mokshaksi* tai vapautukseksi tai Itse-oivallukseksi. Kuinka paljon joudumme kilvoittelemaan? Kuinka usein joudumme kilvoittelemaan? Se on kuin sanoisimme, että 'Kuinka paljon minun pitää lentää päästäkseni maan vetovoiman tuolle puolen?' Meidän on lennettävä niin kauan, kunnes olemme päässeet sen tuolle puolen.

Tähän perustuu jatkuvan kilvoittelun tärkeys henkisessä elämässä, että muistutamme itseämme jatkuvasti näistä totuuksista. Siksi puhunkin näistä asioista yhä uudelleen ja uudelleen, vaikka tulemme tänne viikoittain. Jos ei muuta, niin ainakin se virkistää omaa muistiani. Joka kerta kun kuulen itseni puhuvan korkeimmista totuuksista, se ravistelee minua hereille, oivaltamaan sen totuuden, että maya yrittää aina saada minut pauloihinsa ja minun pitäisi yrittää herätä.

Keho kuolee lopulta. Vaikka se vanhenee, halut eivät vähene. Ottaen huomioon sen ponnistelun määrän, jonka olemme sijoittaneet siihen, että voisimme olla onnellisia, onni näyttää kestävän vain hetken.

> "Nautinnon kohteet, vaikka ne olisivatkin olleet seurassamme pitkään, jättävät varmuudella meidät jossakin vaiheessa. Siis mitä eroa on sillä, että ihminen jää niitä vaille, sen sijaan että hän itse luopuisi niistä?"

Emme saa mitään mukaamme taivasmatkalle. Tai oikeastaan ainoa keino saada jotain mukaan maan päältä, on luopua omastaan ja antaa se muille. Karman lain mukaan se, mitä annamme pois, palaa meille aina takaisin silloin kuin tarvitsemme sitä. Bhartri-hari sanoo, että tiedämme, ettemme voi pitää nautinnon kohteita luonamme – joko ne jättävät meidät tai me jätämme ne. Miksi emme voisi luopua niistä? Jos nautinnot jättävät meidät omasta aloitteestaan, jos ne repivät itsensä irti meistä, ne saavat aikaan suuren kärsimyksen mielessämme. Sanokaamme, että joku varastaa meiltä jotakin tai että liiketoimintamme kärsii suuren tappion – menetämme jotakin, menetämme kaiken – koemme itsemme onnettomiksi. Tilanne ei olisi sama, jos olisimme luopuneet siitä itse. Silloin olisimme onnellisia.

Jos ihmiset luopuvat vapaaehtoisesti halunsa kohteista, se edistää Itse-oivalluksen ikuista autuutta. Emme halua antaa saadaksemme, se ei ole tarkoitus; se ei ole periaate, jota pyrimme oppimaan täällä. Sellainen on liiketoimintaa. Mutta jos annamme, silloin hiljalleen emme enää halua saada ja olemme onnellisia. Halu saada, halu itsessään, tekee meistä onnettomia, ilkeitä ja levottomia. Kun emme halua enää saada ja haluamme vain antaa, silloin saamme jotakin aivan erilaista kuin mitä olemme antaneet. Saamme rauhan. Mikään muu kuin luopuminen ei voi lahjoittaa sitä meille.

"Siunattuja ovat he, jotka elävät vuorten luolissa mietiskellen Brahmania, Korkeinta Valoa, lintujen viihtyessä pelottomana heidän sylissään, juoden autuuden kyyneleitä, joita he vuodattavat meditaatiossa. Samalla meidän elämämme kuluu palatsimaisen linnan juhlinnan, juhlien nostattamassa jännityksessä tai virkistävän uima-altaan reunamilla tai nautinnon puutarhassa, joita pelkkä mielikuvitus synnyttää ja joista se unelmoi."

Siunattuja ovat he, jotka elävät autuudessa, jonka Jumalan mietiskeleminen synnyttää ja jotka vuodattavat autuuden kyyneleitä. Linnut istuvat tällaisten ihmisten sylissä, sillä ne eivät pelkää heitä. Maalliset ihmiset sen sijaan ovat antautuneet nautinnoille. Säkeen viimeinen osa on hyvin tärkeä, mutta helppo ohittaa. Bhartrihari sanoo, että mielikuvitus synnyttää ja ajattelee kaikkia nautintoja. Jos nautinnot kohteet olisivat todellisen onnen lähteitä, niiden tulisi tuottaa aina nautintoa. Joudumme kuitenkin huomaamaan, että näin ei ole. Riippuen mielen asenteesta, jokin on nautinnollista yhdellä hetkellä ja tuskallinen toisella hetkellä.

"Ruokani koostuu siitä, mitä saan kerjäämällä. Sekin on mautonta ja sitä saan vain kerran päivässä. Maa on sänkyni. Keho on avustajani. Vaatteena minulla on kulunut huopa, joka koostuu sadoista tilkuista eikä halu siltikään jätä minua."

Vaikka en omista juuri mitään ja olen luopunut kaikesta, en silti kykene luopumaan halusta. Niin voimakas se on!

"Ymmärtämättä polttavaa voimaa, hyönteinen hypähtää säteilevään tuleen."

Oletko koskaan nähnyt, kuinka hyönteinen lentää tuleen tai kuumaan lamppuun? On surullista, että se ei omaa tietämystä siitä mitä tulee tapahtumaan. Miten me ihmiset eroamme niistä? Vaikka kykenemmekin etukäteen ajattelemaan ennen kuin teemme mitään, koemme silti vetovoimaa monia asioita kohtaan niin, että se voi johtaa meidät vaikeuksiin ja jopa kuolemaan.

"Kala syö tietämättömyytensä tähden makupalan, joka on pujotettu koukkuun, silti me, jotka omaamme täyden erottelukyvyn, emme luovu aistinautinnoista, jotka ovat monimutkaisia ja sisältävät monenlaisia vaaroja. Kuinka tutkimaton onkaan harhan voima!"

Sen enempää Amma kuin pyhät kirjoituksetkaan eivät sano, että kaikista pitäisi tulla joogeja ja asua luolassa tai että kenenkään ei tulisi elää maallista elämää ja nauttia elämästään. Hän sanoo, että meillä pitäisi olla tieto siitä, minkälainen on maallisen nautinnon ja tuskan todellinen olemus.

Meidän tulee pitää tämä tieto takataskussamme, sillä jos havaitsemme jossakin vaiheessa elämäämme, että pyrkimyksemme onneen aistinautintojen ja maallisen elämän avulla ei toimikaan, meillä on jotakin jonka varaan voimme heittäytyä; silloin voimme muistaa nämä takertumattomuutta käsittelevät ajatukset. Silloin voimme korjata asennettamme ja alkaa elää henkisempää elämää, joka tähtää jumalalliseen autuuteen ja rauhaan.

”Kun suu kuivaa janon tähden, ihminen nauttii kylmiä virvokkeita. Kun hän kärsii nälästä, hän syö keitettyä, maukasta riisiä. Kun hän palaa halun tulessa, hän syleilee kumppaniaan. Niinpä onnellisuus on lääke näihin sairauksiin, joita nälkä, jano ja himo synnyttävät. Ja katso, kuinka ihminen masentuu tässä pyrkimyksessään!”

Hän vertaa aistien nälkää eräänlaiseen sairauteen. Tämä on yksi tapa ajatella tätä asiaa. Meidän aisteistamme tulee levottomia, ne ärsyyntyvät ja kiihottuvat, ja voidaksemme vapautua tästä kiihotuksesta, teemme erilaisia asioita. Tällaista meidän elämämme on – sytytämme tulen palamaan ja sitten sammutamme sen.

”Omistaen korkeita linnoja, oppineiden arvostamia jälkeläisiä, mittaamattomia rikkauksia, rakkaan vaimon ja ajatellen tämän maailman olevan pysyväinen, tietämättömyyden sokaisemat ihmiset, joutuvat tämän maailman vankilaan. Siunattu sen sijaan on hän, joka näkee maailman väliaikaisuuden ja luopuu siitä. Vatsassamme olevaa kuoppaa on vaikea täyttää ja siinä on syy ei niin vähäiseen tekemättömyyteen.”

Miksi hän sanoo näin? Koska, jos meidän ei tarvitsisi syödä joka päivä, meillä olisi paljon vähemmän ongelmia. Nälän, ruoansulatushäiriöiden ja liikalihavuuden aiheuttamien kärsimysten lisäksi meidän ei tarvitsisi ansaita rahaa, jos eläisimme yksinkertaista elämää ja jos meidän ei tarvitsisi syödä. Meidän on syötävä voidaksemme elää. Jos voisimme elää puun alla pitäen muutamaa vaatekappaletta, se riittäisi. Emme tarvitsisi muuta, mutta syödäksemme tarvitsemme rahaa ja niin monia muita asioita.

"Kekseliäällä tavalla vähennämme elinvoimaamme itsekunnioituksemme kustannuksella."

Monet ihmiset luopuvat itsekunnioituksestaan voidakseen täyttää vatsansa.

"On kuin kirkas kuunvalo loistaisi lootuksen kukasta, joka kukkii vain auringonvalossa. Kirves kaataa vaatimattomuuttamme koristavat ylelliset köynnökset."

"Ja nautintoihin sisältyy sairauden pelko."

Jos olemme sairaita, emme voi nauttia kunnolla. Vaikka haluaisimme syödä, mutta jos vatsamme on heikko tai meillä ei ole hampaita, nautinto ei toteudu. Tai jos haluamme katsella miellyttäviä asioita, mutta silmämme eivät toimi kunnolla. Jos haluamme kuunnella suloista musiikkia, mutta meidän korvamme eivät toimi kunnolla. Niinpä jos meillä on jokin sairaus, nauttiminen on vaikeaa. Tämä voi myös tarkoittaa, että kun menetämme energiaa nautintojen aikana, se voi aiheuttaa meille sairauden.

"Jos onnellisuus riippuu yhteiskunnallisesta asemasta, pelkäämme menettävämme asemamme; jos se riippuu omaisuudesta, pelkäämme varkaita; jos kunniasta, pelkäämme nöyryytystä; jos vallasta, pelkäämme vihollisia; jos kauneudesta, pelkäämme vanhuutta; jos kehosta, pelkäämme kuolemaa.

Kaikkiin ihmistä koskeviin tämän maailman asioihin liittyy pelko. Luopumiseen yksin liittyy pelottomuus. Sadat erilaiset asiat tuhoavat kehon ja mielen terveyden. Missä hyvänsä on Lakshmi, sinne vaara voi vapaasti ilmestyä."

Mitä tällä tarkoitetaan? Lakshmi on omaisuuden ja vaurauden jumalatar. Missä hyvänsä on vaurautta, siellä on ovi avoinna kurjuudelle, sillä vaurauteen liittyy monenlaisia hankaluuksia. Suurin osa maailman ihmisistä ei ajattele tällä tavoin. 'Jos on vaurautta, on myös onnellisuutta; kaikki ongelmat ovat päättyneet', näin yleensä ajatellaan, mutta henkinen ihminen ei välitä lainkaan vauraudesta. Hänen omaisuuttaan on sisäisen rauhan aarre. Hän voi käyttää vaurauttaan takertumattomasti maailman hyväksi.

Lakshmi-jumalatar ja Swami Vidyaranya

Swami Vidyaranya toimi Vijayanagaran kuningaskunnan pääministerinä 1400-luvulla. Hänestä tuli lopulta sanjaasi ja Sringeri Sankara Peetamin johtaja. Pääministerinä ollessaan hänellä oli halu tulla vauraaksi ja rikkaaksi, niin kuin kaikki muutkin, niinpä hän suoritti kaikki mahdolliset pujat Lakshmille. Hän suoritti niitä kolme kertaa päivässä. Hän toisti mantraa kymmenentuhatta kertaa. Hän käytti Lakshmi-mantraa. Päivin ja öin hän meni Lakshmi-temppeliin. Hän noudatti monia lupauksia saadakseen osakseen Lakshmin armon ja tullakseen vauraaksi.

Hän toimi näin vuosien ajan, mutta ei rikastunut. Lopulta hän kyllästyi ja oivalsi: 'Miksi käytän niin paljon voimavaroja tähän? Elämäni kuluu tällä tavoin.' Hän päätti ryhtyä sanjaasiksi voidakseen oivaltaa Jumalan, saavuttaakseen Itse-oivalluksen. Niinpä hän lähti kotoaan. Hän pukeutui sanjaasin vaatteisiin, oranssiin kaapuun, mutta juuri silloin loistelias nainen ilmestyi hänen eteensä. Eikä hän ollutkaan kukaan muu kuin itse Lakshmi-jumalatar!

Hän sanoi: "Voinko tehdä jotakin puolestasi, Devi?"

"Olet rukoillut Minua kaikki nämä vuodet. Nyt olen lopulta tullut."

Mies vastasi "Nyt olet siinä, enkä enää halua sinulta mitään."

"Minun täytyy antaa sinulle jotakin."

"Hyvä on, anna minulle henkisen tiedon omaisuus. Anna minulle oivalluksen aarre."

Niinpä Lakshmi siunasi hänet, jotta hänestä tulisi viisas mies, jolla olisi paljon pyhien kirjoitusten tietoutta ja kokemusta. Hän sai nimekseen Vidyaranya, koska hän oli saanut Lakshmilta siunauksen. 'Vidyaranya' tarkoittaa häntä, joka on oppineisuuden metsä.

Niinpä Lakshmin etsiminen omaisuuden vuoksi päätyy lopulta umpikujaan, johtuen kaikista niistä ongelmista, joista olemme keskustelleet täällä, kuolemasta, vihollisista, varkaista ja kaikesta siitä, mistä maailma on tehty.

"Mikä tahansa mikä syntyy, kuolee."

Onko olemassa mitään, minkä Luoja on luonut, mikä olisi pysyvää? Ei.

"Ruumiillisten olentojen nautinnot ovat katoavaisia, niin kuin pilvistä iskevät salamat. Elämä on yhtä turvatonta kuin lootuksen lehdellä oleva vesipisara. Nuoruuden halut ovat pysymättömiä. Oivaltaessaan tämän, viisaat keskittävät mielensä vakaasti joogaan. Vanhuus odottaa edessämme, pelottaen ihmisiä niin kuin tiikerit. Sairaudet iskevät kehoomme vihollisten lailla. Elämä virtaa kuin vesi, joka valuu vuotavasta astiasta. Kuinka ihmeellistä onkaan, että ihminen jatkaa pahojen tekojen tekemistä!"

Takertumattomuus – 2

Me kaikki olemme unessa, syvässä unessa tässä uunimaailmassa, jota kutsutaan mayaksi tai yleismaailmalliseksi harhaksi, ja ainoa tapa herätä tästä on voimalliset henkiset harjoitukset ja takertumattomuus uneen nähden. Amma opettaa tätä vedantan filosofiaa *Omkara divya porule* kappaleilla, jonka säkeet kertovat advaitasta ja non-dualismista.

Tämä ei ole Amman ainoa opetus. Amma opettaa myös, että Jumalaa kohtaan tunnetun voimallisen antaumuksen avulla, antautumalla Jumalalle, erilaisten antaumuksellisten polkujen avulla tai pyyteettömän palvelutyön avulla, mieli voi herätä todelliseen olemukseensa, kuolemattomaan Itseen.

Puhumme vedantasta ja *vairagyan* tai takertumattomuuden tarpeellisuudesta. Selitän tuota pikaa mitä tarkoitan *vairagyalla*.

Kun sanomme, että olemme *mayan* unessa, 'maya' tarkoittaa voimaa, joka saa meidät unohtamaan Todellisuuden, joka on aina olemassa ja se saa meidät pitämään todellisena sitä mikä on edessämme. Tämä takia ajaudumme vaikeuksiin. Emme ainoastaan unohda Todellisuutta, unohdamme myös tosiasiat.

Ottakaamme esimerkiksi puolentoista tai kahden vuoden ikäinen poika. Ennen kuin hän tietää mitään tästä maailmasta, laitamme kultakolikoita ja keksejä tämän pienen pojan eteen. Kumpia uskot pojan ottavan? Keksejä, tietenkin. Miksi? Pieni poika ei tiedä, että hän voisi ostaa kultakolikoilla kasoittain keksejä. Hän näkee vain sen välittömän nautinnon, joka on hänen edessään. Hän ei ajattele pitkäaikaista sijoitusta tai mitään sen suuntaista.

Juuri tätä maya on: näemme välittömän nautinnon, välittömän onnen, jonka se voi lahjoittaa meille, niinpä tavoittelemme sitä. Samalla jätämme huomioimatta pitkäaikaiset seurausvaikutukset. Kuinka herätä *mayasta*, harhasta? Amma sanoo, että tarvitsemme *vairagyaa*. Jopa Shankaracharya, josta olette varmaankin kuulleet, sanoo että emme välttämättä tarvitse muita hyviä ominaisuuksia kuin sen, saavuttaaksemme Itse-oivalluksen eli voidaksemme mennä syntymän ja kuoleman kiertokulun tuolle puolen. Joten mitä *vairagya* on? *Vairagya* tarkoittaa *ragan* poissaoloa ja puutetta.

Raga ei tarkoita ainoastaan Intian musiikin melodiaa ja tunnelmaa. Se tarkoittaa myös vetovoimaa tai riippuvuutta jostakin. Mielemme tuntee jatkuvasti vetovoimaa tai vastenmielisyyttä asioita kohtaan, ja toisinaan tunnemme välinpitämättömyyttä. Niinpä vetovoiman puute tai takertuneisuuden puute on *vairagyaa*. Tämä herättää meidät unesta. Riippuvuutemme ja vetovoima, jota koemme *mayan* unta kohtaan, saa aikaan sen, että pysymme unessa.

Tuo vetovoima synnyttää voiman ja energian, joka saa aikaan sen, että synnymme yhä uudelleen. Tämä kaikki on monimutkaista, sillä niin kauan kuin olemme unessa, karman laki toimii. Kaikella sillä mitä teemme tässä unessa on vastavaikutuksensa. Ainoa tapa, millä voimme rikkoa tämän kehän tai päättää tämän kiertokulun, on herätä. Se tarkoittaa, että meidän tulee vetää mielemme tästä unesta, ja siten se päättyy. Kun uni päättyy, tuota heräämisen tilaa kutsutaan *bodhaksi* tai valaistumiseksi, Itse-oivallukseksi tai syntymän ja kuoleman kiertokulun päättymiseksi tai vapautumiseksi, *muktiksi* tai *mokshaksi*. Annan teille nyt konkreettisen esimerkin vairagyan määritelmästä.

Samarta Ramdas ja Shivaji Maharaja

Samarta Ramdas eli Maharashtran osavaltiossa 1700-luvulla. Hän oli Hanumanille, apina-jumalalle uskollinen sanjaasi. Hanuman oli hänelle jumalhahmoista läheisin. Hän jäljitteli kaikkia Hanumanin ominaisuuksia: antaumusta Sri Ramalle ja takertumattomuutta.

Kun hän oli kahdentoista vuoden ikäinen, hänen leskiäitinsä halusi järjestää hänen avioliittonsa. Avioliittoseremonian aikana poika ja tyttö istuivat toisiaan vastapäätä niin, että heidän välissään oli kangas tai verho. Juuri ennen kuin he kohtaisivat ja heidät vihittäisiin, pappi sanoisi: "*Savadhan* jagrata (Ole hereillä!)"

Ramdas oli henkisesti suuntautunut lapsuudestaan alkaen, niinpä kun hän kuuli sanottavan "*Savadhan* jagrata (Ole hereillä)", hänen mielessään välähti: 'Minun tulee olla varuillani! Olenko varma, että haluan tällaiseen monimutkaiseen tilanteeseen? Olenko ymmärtänyt kaikki sen seuraukset? Tuleeko kaikki olemaan hyvin? Mitä tapahtuu henkiselle elämälleni?' Tuo yksi sana nosti kaikki nämä ajatukset hänen mieleensä. Samassa hän hypähti kaikkien yllätykseksi tuoliltaan niin kuin apina, ja juoksi niin lujaa kuin pääsi vihkisalista ulos. Sen jälkeen kukaan ei nähnyt häntä kahteentoista vuoteen. Tätä voi kutsua voimalliseksi takertumattomuudeksi.

Vairagya voi alkaa kärsimyksen pelosta ja muista maallisen elämän vaikeuksista, mutta kaikki ei sitä koe niin. Kaikkien ei tarvitse juosta metsään kahdeksitoista vuodeksi, mutta hänen kohtalonaan oli ryhtyä munkiksi ja siksi kaikki tapahtui tuolla tavoin. Yksi sana riitti. Kenenkään ei tarvinnut selittää hänelle mitään. Eikä hän myöskään laskelmoinut. 'Jos teen näin, mitä tapahtuu? Tulisiko minun tehdä näin vai tulisiko minun tehdä tuolla tavoin?' Hänen *vairagyansa* syntyi syvästä vakaumuksesta, että maallinen elämä muodostuisi esteeksi hänen henkiselle kehitykselleen. Hyvin harvat ihmiset kokevat näin, mutta he joiden kohtaloon kuuluu *sanjaasa*, heissä kehittyy tällainen *vairagya* jossakin vaiheessa heidän elämäänsä. He eivät viivyttele. He kokevat, että heille ei sovi toisenlainen elämä.

Niinpä hän hypähti ylös, juoksi metsään ja ryhtyi tekemään voimallisia henkisiä harjoituksia. Hän seisoi talviaikaan kaulaansa myöten kylmässä Pohjois-Intian joessa harjoittaen *mantrajapaa*, mantran toistamista. Hän käytti kaiken valveilla oloaikansa erilaisiin jumalanpalveluksiin, *tapas*-harjoituksiin ja opiskeluun. Hän toisti mantraansa 130 miljoonaa kertaa! Kaiken tämän sadhanan tarkoituksena oli kehittää lisää takertumattomuutta aineellista olemassaoloa ja maailmaa kohtaan, jotta hän voisi sulautua Itseen, sieluun. Hän saavutti lopulta täydellisyyden sadhanan avulla, Sri Raman armosta.

Eräänä päivänä, kun Ramdas lähti kerjuulle, hän sattui ohittamaan oppilaansa Shivaji Maharajin kuninkaallisen palatsin. Hänellä oli kerjuukulhonsa – koverrettu kookospähkinän kuori. Hän meni jokaiseen taloon sanoen: "*Bhiksham dehi cha Parvati.* Oi Jumalallinen Äiti, anna minulle almuja."

Kun hän tuli palatsin porteille, Shivaji tuli juosten ulos. Ramdas ojensi kulhonsa. Guru piti kulhoa opetuslapsensa edessä. Ramdas sanoi:

"Ole hyvä ja anna minulle almuja."

Shivaji otti kynän ja paperia, kirjoitti jotakin ja laittoi paperin kerjuukulhoon. Ramdas sanoi: "Mitä tämä on? Tyydyttääkö tämä paperinpalanen minun nälkäni?"

"Ole hyvä ja lue se paperi, Swamiji."

Mitä paperissa luki? Shivaji oli kirjoittanut siihen luovuttavansa koko kuningaskunnan Ramdasille!

"Kuningaskunta on sinun. En enää halua olla tekemisissä sen kanssa. Tämä on almuni gurulleni. Haluan vain palvella sinua."

Tätä ei ole vaikea uskoa, sillä on olemassa ihmisiä, jotka tekevät näin tänäkin päivänä. He rakastavat niin paljon guruaan ja ovat kyllästyneet maailmaan. Laskelmoimatta he antavat kaiken gurulleen. Todellisen oppilaan tulee olla peloton, niin kuin hän, joka on valmis hyppäämään kielekkeeltä, tietämättä mitä tulee tapahtumaan ja juuri ennen kuin hän osuisi maahan, jokin ottaa hänestä kiinni ja asettaa hänet pehmeästi maan kamaralle.

Niinpä Shivaji antoi koko kuningaskunnan Ramdasille. Hän luki merkinnän ja sanoi: "Kiitos paljon, mutta pidä sinä siitä huolta. Se on minun nyt, mutta huolehdi siitä minun puolestani." Sitten hän jatkoi matkaansa seuraavan talon luokse.

Tämä on todellista *vairagyaa*, heidän molempia puolelta! Opetuslapsella ja gurulla oli todellista takertumattomuutta. Kumpikaan heistä ei halunnut kuningaskuntaa!

Tämä on käytännöllinen esimerkki *vairagyasta*. Tällaista tarvitaan, jotta mieli pysyy vakaana. *Vairagyan* puute, takertumattomuuden puute tekee mielestämme kovin levottoman. Se tavoittelee aina yhtä ja toista. Jos mieli saa jotakin, se seisahtuu hetkiseksi. Kohta uusi halu herää mielessä ja mieli alkaa juosta tuon uuden asian perässä. Se ei ole koskaan hiljaa muuta kuin sekunnin tai kaksi, paitsi silloin kun menemme nukkumaan tai kun olemme samadhissa, joten enimmäkseen silloin kun olemme syvässä unessa, silloin kun emme näe unia.

Lopulta kyllästymme jatkuvaan levottomuuteen. Tuossa vaiheessa aloitamme matkan takaisin todelliseen Itseemme. Olemme matkalla takaisin Jumalan luo. Meidän on saavutettava vaihe, missä voimme sanoa: "Olen saanut tarpeekseni tästä jatkuvasta levottomuudesta. Mitä hyvänsä olen saanut, mitä hyvänsä olen tehnyt, en ole silti saavuttanut rauhaa. Tämän maailman asiat eivät anna todellista rauhaa."

On olemassa kaunis ajatelma, jonka eräs mahatma on kirjoittanut. Se kuvaa sitä, että meidän on lopulta palattava Itseen tai Jumalaan. Se on väistämätöntä. Jokaisen olennon tulee saavuttaa tuo vaihe, todellisen *vairagyan* vaihe. Tässä on tuo kaunis ajatelma:

"Vesi kohoaa merestä pilvinä, putoaa sateena ja virtaa jokena takaisin mereen. Mikään ei voi estää sitä palaamasta takaisin alkulähteeseensä. Samoin sielu, joka on saanut alkunsa Sinusta ei voi olla palaamatta jälleen Sinuun, vaikka se kiertyykin moneen pyörteeseen matkan varrella. Lintu, joka nousee maasta ja kohoaa taivaalle, ei löydä ilmasta paikkaa, missä voisi levähtää, niinpä sen tulee jälleen palata maan päälle. Samalla tavoin kaikkien tulee kulkea samaa reittiä takaisin, ja kun sielu löytää tiensä takaisin alkulähteeseensä, se uppoutuu ja sulautuu takaisin Sinuun, oi Arunachala, Sinä autuuden valtameri."

—Sri Ramana Maharshi

Näin meille tapahtuu. Olemme kuin vesi, joka on kohonnut merestä, joka on satanut takaisin maan päälle ja joka on tullut joeksi, joka virtaa sinne tänne, kunnes lopulta se saavuttaa meren. Tai olemme kuin lintu, joka kohoaa taivaalle, mutta jonka on aina lopulta palattava takaisin maan päälle.

Mikä ja missä on se alkulähde, josta olemme kohonneet ja johon palaamme? Autuuden valtameri, Jumala tai Itse on se mitä me etsimme.

Kuoleman pelko

Kuningas Parikshit kuuli, että hän kuolisi viikon kuluttua, niinpä hän luopui kaikesta ja istuutui meditoimaan ja oivalsi Jumalan viikossa. Amma sanoo, että jos meillä on tuollainen intensiteetti, jopa yksi hetki riittää.

Parikshit oli hyvin takertumaton, hyvin voimallinen halussaan oivaltaa Jumala ja hän myös pelkäsi kuolemaa. Siinä ei ole mitään vikaa. Tietyssä mielessä on hyvä pelätä kuolemaa, koska pelon energia meissä kannustaa tekemään henkisiä harjoituksia.

Joten mitä hän teki? Hän teki hyvin mielenkiintoisen asian. Hän oli saanut kuulla, että hän kuolisi käärmeenpuremaan seitsemäntenä päivänä, niinpä hän antoi rakentaa tornin. Sen on täytynyt olla viisitoista tai kolmekymmentä metriä korkea. Sen huipulla oli huone, johon ei päässyt nousemaan eikä sieltä päässyt laskeutumaan muuten kuin köyden avulla. Sillä tavoin hän pääsi sinne. Hän istui huoneessa harjoittaen meditaatiota, ja kun hänelle tuotiin ruokaa, hän laski korin alas, jonka hän veti hedelmineen ja tarvikkeineen takaisin ylös. Sillä tavoin hän söi seitsemän päivän ajan. Hän oli asettanut tornin juurelle armeijansa, joten jos käärme ilmestyisi sinne, he löisivät sen yhtä lättänäksi kuin chapatin tai tortillan.

Mitä sitten tapahtui? Käärme, jonka oli määrä purra häntä, ei ollut mikään tavallinen käärme. Se oli hyvin ovela käärme. Tuo käärme muutti itsensä pieneksi madoksi, ei edes maan matoseksi vaan pikkuriikkiseksi madoksi ja porautui yhteen niistä hedelmistä, jotka lähetettiin hänelle seitsemäntenä päivänä aamiaiseksi. Kun Parikshit otti hedelmän käteensä ja oli valmis puraisemaan sitä, mato työnsi päänsä ulos, hymyili hänelle, muuttui suureksi käärmeeksi ja puri häntä. Se oli hänen loppunsa. Kun on meidän aikamme lähteä, me lähdemme. Saatamme olla ilmassa tai maan alla, makuuhuoneessamme tai pikatiellä tai kuussa. Kun aikamme on kulunut, mikään ei voi estää sitä. Niin kuin Krishna sanoo *Bhagavad-Gitassa*:

> "Niin kuin ihminen, joka hylkää kuluneet vaatteet ja pukee päälleen uudet vaatteet, niin ruumiillistunut luopuu kuluneesta ruumiistaan ja asettuu uuteen ruumiiseen. Ken on syntynyt, hänelle kuolema on varma ja ken on kuollut, hänelle syntymä on varma. Sen tähden ei tule surra sitä, mikä on väistämätöntä."
>
> Bhagavad-Gita II:22,27

Luen seuraavaksi muutamia Bhartriharin säkeitä. Jokainen niistä on kuin jalokivi. Kun luen niitä, älkää kuunnelko niitä niin kuin ne olisivat runoutta tai filosofiaa. Sallikaa niiden läpäistä sydämenne, sillä sitä ajatellen ne on kirjoitettu. Niiden tarkoituksena

119

on herättää meidät, edes hetkeksi, jotta saisimme väläyksen siitä, mitä *maya* on, sillä olemme niin syvässä unessa. On uskomatonta, kuinka syvässä unessa olemmekaan.

"Vanhuus väijyy edessämme niin kuin naarastiikeri. Erilaiset sairaudet iskevät ihmiskehoon niin kuin viholliset. Elämä pakenee niin kuin vesi vuotavasta astiasta. Kuinka outoa, että ihminen jatkaa pahojen tekojen tekemistä!"

Tämä ei tarkoita, että elämässä ei olisi mitään hyvää tai että emme saisi nauttia elämästä, mutta meidän tulisi ymmärtää myös elämän tuskallinen puoli. Henkinen elämä tarkoittaa sitä, että ymmärrämme kaikkea, ei vain sitä, että olemme ihastuneita ja jätämme huomiotta asioiden todellisen olemuksen. Voimme nähdä elämän miellyttävän puolen, mutta meidän tulee nähdä myös toinen puoli, elämän tuskallinen puoli – molemmat puolet kolikkoa. Se on todellista viisautta. Erityisesti meille, jotka olemme tottuneet tarkastelemaan elämän miellyttävää puolta, tämä on hyvin tarpeellista, jotta näkisimme asiat tasapainoisemmin.

"Moninaisia ja katoavaisia ovat luonnon nautinnot ja sellaisista on tämä elämä tehty. Joten miksi vaellat täällä, oi ihminen? Lakkaa tavoittelemasta nautintoja, sillä jos uskot sanaani, niiden korkeimpaan perustaan, Todellisuuteen ja keskität mielesi puhdistuen tukahdutetusta toivosta, satoine verkkoineen, vapautat itsesi halusta."

Halu saa meidät juoksemaan katoavaisten asioiden perässä. Vaikka emme ehkä saa mitä haluamme, toive siitä, että meistä tulee onnellisia, saa meidät tavoittelemaan näitä harhakuvajaisia, päämäärää, jota emme voi saavuttaa. Bhartrihari kehottaa meitä uskomaan niihin sanoihin, joita hän tässä käyttää. Ne ovat syntyneet kokemuksesta, jonka hän on saanut Todellisuudesta. Luopukaamme haluihimme liittyvistä toiveista, jotta mielestämme tulisi tyyni.

"On olemassa yksi nautinto ja vain yksi, kestävä, muuttumaton ja korkein, joka vie suurimmaltakin omaisuudelta maun, kuten kolmen maailman hallitsemiselta ja siihen kun vakiintuu, Brahma, Indra ja muut jumalat tuntuvat ruohon korsilta. Älä kiinnitä sydäntäsi mihinkään katoavaiseen nautintoon vaan yksin tähän."

Henkinen elämä ei tarkoita, että luopuisimme nautinnosta. Se tarkoittaa, että haluamme kohota korkeampaan autuuteen. Ensin joku saa tavallisen Fordin, sitten hän haluaa Mercedes Benzin, sen jälkeen Rolls Roycen. Ja kun hän kyllästyy Rolls Royceen, miten sitten? Ehkäpä Bentley.

Kun meillä on pieni talo, ajattelemme, että olisi paljon parempi, jos meillä olisi suurempi talo. Sitten saamme suuremman talon ja sen jälkeen sekään ei riitä, joten ajattelemme: 'Toivoisinpa, että minulla olisi suurempi.' Sitten näemme, että jollakulla on vielä suurempi. Kuinka pitkälle voimme mennä? Nautinnolla ei ole päätepistettä eikä ole olemassa lopullista täyttymystä. Ei voi koskaan olla. Tästä hän puhuu: on olemassa yksi nautinto, joka tyydyttää meidät lopullisesti ja se saa jopa korkeampien jumalien aseman näyttämään pelkältä ruohonkorrelta.

Amma sanoo samaa. On olemassa laulu, jossa Amma kuvaa kokemustaan sanoen:

"Näin kaiken omana Itsenäni ja koko maailmankaikkeus
oli vain pieni kupla minun sisälläni"

Tuon kokemuksen tarvitsemme. Jos heräämme tästä unesta, silloin näemme koko maailmankaikkeuden pienenä kuplana omassa ikuisessa avaruudessamme. Tätä on korkeimman autuuden nautinto. Tämä on henkisen elämän päämäärä. Niinpä hän sanoo,

"Älä juokse minkään muun perässä kuin vain tämän. Älä hukkaa elinvoimaasi. Älä hukkaa aikaasi. Älä vaivu mayan monimutkaisuuteen."

"Kodissa oli aluksi monta, sitten siellä oli vain yksi ja missä oli yksi tai monta, siellä ei ole lopulta enää ketään." Ymmärrätkö? Yhdessä kodissa oli monia, sitten siellä oli vain yksi ja jonkin ajan kuluttua edes sitä yhtä ei ole enää.

"Tällä tavoin Isä Aika leikkii maailman shakkilaudalla elävien olentojen kanssa, liikutellen heitä, heittäen noppaa päivin ja öin. Päivä päivältä, auringon noustessa ja laskiessa elämä lyhenee emmekä ole tietoisia ajan kulusta, johtuen monien toimiemme painolastista. Emmekä koe pelkoa nähdessämme syntymää, kuolemaa, vanhuutta ja kärsimystä. Katso, maailma on tullut hulluksi juotuaan mayan viiniä."

Elämä kuluu jokaisena päivänä, jokaisena yönä. Se lyhenee. Olemme uppoutuneet niin monen asiaan, että emme edes huomaa tätä. Olemme maya-viinin humalluttamia. Amma sanoo, että vaikka emme itse kärsisi paljoakaan, meidän tulisi mennä jonnekin, missä on kärsimystä ymmärtääksemme ajan pyörän luonteen – kuinka armoton karmanlaki onkaan. Kun näemme ihmisiä, jotka todella kärsivät, meidän tulisi ajatella: 'Tuo voisi tapahtua myös minulle.'

"Ilta seuraa päivää ja olennot juoksevat turhaan peräänantamattomasti ja kiireisinä maallisten toimiensa perässä, jotka ovat saaneet alkunsa heidän mielensä salaisista toiveista. Oi! Hullaantumisen tähden emme häpeä sitä, että syntymän ja kuoleman kiertokulku hämää meitä toistamaan samoja tekoja yhä uudelleen ja uudelleen."

Lehmä märehtii samaa ruohoa yhä uudelleen ja uudelleen. Meidän elämämme on samanlaista: teemme samoja asioita aina uudelleen. Toistamme samoja kokemuksia toisensa perään, silti jatkamme yhä. Emme ajattele, että voisimme pyrkiä kohoamaan maallista elämää korkeammalle tasolle. Tätä on *maya*.

"He, kenestä synnyimme, ovat nyt lähellä ikuisuutta."

He ovat olleet kuolleita jo kauan aikaa.

"Heistä, jotka kasvattivat meidät, on tullut pelkkiä muistoja. Nyt kun meistä on tullut vanhoja, me lähestymme päivä päivältä putoamistamme, tilanteemme muistuttaa puuta, joka kasvaa joen hiekkaisella rannalla."

Jos joenranta on hiekkainen ja siellä kasvaa puu, mitä puulle tapahtuukaan? Se kuolee ja kun se kuolee, mitä silloin tapahtuukaan? Se kaatuu hiekkaan ja maatuu. Samalla tavoin me olemme ajan virran hiekkaisella rannalla. Tuolla rannalla ei ole tukevaa maata. Ajan virta saa hiekan valumaan pois juurien ympäriltä. Lopulta puu kaatuu maahan ja lahoaa.

"Hän on hetkisen lapsi, sitten nuorukainen eroottisine taipumuksineen, hetkisen hän on rutiköyhä ja sitten hän elää yltäkylläisyydessä, aivan niin kuin näyttelijä roolinsa loppumetreillä. Kun vuodet saavat hänen ruumiinjäsenensä sairastumaan ja hän rypistyy, hänen lähtönsä odottaa verhon takana, peitoten kuoleman asumusta."

Olemme nyt nuoria, sitten vanhenemme, sitten meistä tulee vielä vanhempia ja lopulta poistumme näyttämöltä. Maailma on tämä näyttämö. Muistatko vielä, kun olit lapsi? Kaikki se oli ohi aivan liian pian. Sitten edessämme olivat kaikki ne velvollisuudet, jotka kuuluvat vanhemmille, ja joidenkin kohdalla vanhuus on jo koittanut. Seuraava askelma on kuolema. Mitä seuraa kuoleman jälkeen? Jälleensyntymä.

"Kiihtymyksen vallassa, oi mieli, sinä laskeudut alamaailmoihin. Sitten nouset kohti taivaita. Sinä vaellat ympäriinsä neljässä eri suunnassa. Miksi et, edes vahingossa, keskittyisi kerrankin korkeimpaan todellisuuteen, joka on oman Itsesi sisäisen olemus, vapaana kaikista epätäydellisyyksistä, jonka avulla voit saavuttaa korkeimman autuuden."

Meidän mielemme vaeltaa kaikkialle paitsi ei sinne minne pitäisi, omaan Itseemme. Se on kuin joki, joka laskeutuu vuorilta ja virtaa kaikkialle. Se ei virtaa koskaan takaisin omaan alkulähteeseensä, mutta sinne sen on lopulta palattava. Opimme monenlaisia asioita, tiedämme niin paljon, koemme monia asioita, ja lopulta saavutamme pisteen, jolloin haluamme palata takaisin alkulähteeseemme. Vakuutumme siitä, että missään ei ole mitään meitä varten, haluamme vain levätä Itsessä. Näin tapahtuu, kun menemme nukkumaan. Tiesimmepä sitten, kuinka paljon tahansa, koimmepa kuinka paljon tahansa, olipa meillä kuinka paljon tahansa, päivän päätteeksi emme halua enää mitään. Haluamme unohtaa kaiken ja nukkua. Sillä kun nukumme, mitä tapahtuu? Unohdamme kaiken, sillä kun olemme kiireisiä kaikkien näiden asioiden kanssa, se on kuluttavaa, hyvin väsyttävää. Mutta kuinka paljon tahansa nukummekin, koemme lopulta, että emme halua enää nukkua. Meidän on noustava, koska meidän täytyy tehdä erilaisia asioita. Uni on onnellinen tila. Se sisältää välähdyksen Itsestä, jota henkisen tietämättömyyden pimeys peittoaa. Silloin koemme autuutta, lepoa ja rauhaa.

Henkisen elämän alkuvaihe on tällaista. Mieli ajattelee kaikkea muuta paitsi Jumalaa, kaikkea muuta paitsi Itseä. Näin on vielä enemmän silloin kun yritämme meditoida. Amma sanoo, että kun kaadamme raikasta vettä suolaisen veden astiaan, veden suolaisuus vähenee asteittain, kunnes sitä ei enää ole. Samalla tavoin, jos kaadamme jatkuvasti Jumalaa koskevaa ajatusta tai mantraa häiriötilassa olevaan mieleemme, tuo yksi ajatus korvaa muut ajatukset. Lopulta saavutamme vaiheen, missä vain Jumala loistaa.

Tämä vaatii paljon harjoitusta, mutta ei ole mahdotonta. He, jotka ovat saavuttaneet Itse-oivalluksen, ovat toimineet tällä tavoin. Suurin osa heistä ei ole syntynyt mahatmaksi. He eivät syntyneet mieli keskittyneenä. Hyvin harva syntyy sellaisena. He työskentelivät ahkerasti sen eteen. Mieli on muokattavissa. Siitä on mahdollista tehdä keskittynyt ja yksihuippuinen. Siinä tilassa se voi kokea Brahmanin tai Todellisuuden. Tästä on henkisyydessä kysymys – mielen kouluttamisesta.

Amma antaa esimerkin puhuessaan kookospalmun kiipeilijästä. Ne meistä, jotka ovat olleet Keralassa tietävät, että siellä on miljoonia kookospalmuja. Kuinka saamme kookoksen palmupuusta? Meidän täytyy kiivetä siihen. Ei ole muuta keinoa. Jos siis olemme syntyneet kookospalmun kiipeilijöiden perheeseen, se tarkoittaa melkoisella varmuudella, että meistä tulee vartuttuamme kookospalmun kiipeilijöitä. Eräänä päivänä isämme tulee sanomaan: "Kuulehan, minusta tuntuu, että sinun on aika oppia kiipeämään puuhun." Kun menemme puun luokse ja yritämme kiivetä, pääsemme ehkä puolisen metriä ja putoamme alas. Sitten yritämme uudelleen ja liu'umme alas. Sitten yritämme jälleen ja masennumme. Sanomme: "En kykene ikinä kiipeämään tuon kymmenen metriä korkean puun latvaan. En pääse edes puolta metriä ylös! Unohdetaan koko juttu. Minusta täytyy tulla jotakin muuta, ryhdyn maanviljelijäksi."

Silloin isämme sanoo: "Ei, sinusta täytyy tulla palmupuun kiipeilijä. Ei meillä ole muuta mahdollisuutta. Se on ollut meidän ammattimme jo tuhat vuotta."

Joten mitä teemme? Yritämme uudelleen ja uudelleen. Seuraavalla kerralla pääsemme ylöspäin puolisen metriä ja joitakin kymmeniä senttejä ja sitten liu'umme jälleen alas. Mutta ajatus siitä, että meidän täytyy tehdä näin, että ei ole toista mahdollisuutta, saa meidät jatkamaan. Pääsemme yhä ylemmäksi ja ylemmäksi. Lopulta pääsemme puun latvaan. Heitämme kookospähkinöitä alas. Siihen tarvittiin paljon harjoitusta, paljon periksiantamattomuutta, mutta lopulta onnistuimme!

Amma sanoo, että samalla tavoin meidän kaikkien pitäisi kiivetä mielen puuhun ja yrittää saavuttaa sen huippu, joka sijaitsee päälaella – tuhat terälehtinen lootus, missä Jumala oleilee autuudessa – ja kun meistä tulee taitavia kiipeilijöitä, kaikki on hyvin. Siihen asti meidän pitää jatkaa ponnistelua, ajatellen että ei ole toista keinoa. Se on kuin matka sisäänpäin, ei ulospäin.

"Vanhuudessa ruumiimme kuihtuu. Kävelymme muuttuu epävarmaksi. Hampaat putoilevat. Näkömme heikkenee. Kuulomme huononee. Suumme kuolaa. Sukulaiset eivät arvosta sanojamme. Vaimo ei välitä. Jopa pojista tulee vihamielisiä. Voi vanhenevan ihmisen surua!"

Emme halua kuulla tätä kaikkea, mutta tämä on totuus. Nämä ovat tosiasioita. Tämä ei ole todellisuus vaan nämä ovat elämän tosiasioita.

"Niin kauan kuin tämä keho on vapaa sairauksista ja vanhuuden heikkoudesta, niin kauan kuin vanhuuden höperyys on kaukana, niin kauan kuin aistien voima on entisellään eikä elämä taannu, niin pitkään viisaan tulisi ponnistella voimallisesti korkeimman hyvän eteen, sillä kun talo on tulessa, mitä hyödyttää ryhtyä kaivamaan kaivoa saadakseen vettä?"

Kun talo on tulessa, mitä me voimme silloin tehdä? Ensimmäiseksi yrittäisimme varmaankin saada käsiimme vettä voidaksemme sammuttaa sen. Jos meillä on vesihana tai vesisuihku, avaamme sen ja saamme vettä. Mutta jos meillä ei ole vesihanaa tai vesisuihkua? Yrittäisimme saada vettä joesta, mutta jos emme asu joen lähellä eikä meillä ole vesihanaa tai suihkua, silloin meillä on varmaankin kaivo. Jos meillä ei ole kaivoa, silloin meidän pitäisi ryhtyä kaivamaan sellaista. Mutta ei ole mitään mieltä ryhtyä kaivamaan kaivoa, jos talo on jo tulessa. Samalla tavoin, ei ole mitään mieltä ryhtyä tekemään voimallisia henkisiä harjoituksia tai ponnistella mielen hallitsemiseksi, kun kehomme on jo hajoamaisillaan. Miksi? Koska mieli keskittyy silloin kehon rapistumiseen. Miten silloin kykenisimme keskittymään? Emme kykene paneutumaan mihinkään. Joten ennen kuin tuo vaihe saavutetaan, käyttäkäämme kaikki voimamme oivaltaaksemme Itsen.

"Kun kunnia on jättänyt meidät, omaisuutemme on raunioina, he jotka ovat haastaneet meitä oikeuteen, ovat lähteneet pettyneinä, ystävät ovat huvenneet, palvelijat ovat lähteneet ja nuoruus on hiljalleen kaikonnut, jäljellä on vain yksi asia, joka sopii viisaalle; asua jossakin metsikössä, Himalajan laaksossa, missä Gangesin vedet puhdistavat kallioita."

Bhartrihari pyrkii innostamaan meitä ylevillä ajatuksillaan. Hän näyttää meille maailman luonteen, joten mitä meidän tulee nyt tehdä? Pitäisikö meidän surra? Tulisiko meidän olla onnettomia? Ei. Meidän tulee ajatella: 'Mikä olisi vaihtoehto tälle tilanteelle, tälle asioiden olotilalle?' Hän sanoo, että kun kaikki tämä on tapahtunut ja olemme ymmärtäneet maailman luonteen, silloin voimme ajatella asuvamme ashramissa tai Himalajalla olevassa majassa, Gangesin rantamilla, tekemässä henkisiä harjoituksia. Muussa tapauksessa voimme mennä pyhään paikkaan harjoittamaan sadhanaa.

Takertumattomuus – 3

Viimeisen kahden viikon aikana olemme puhuneet siitä, miten syvässä *mayan* (harhan) unessa olemmekaan. Emme edes tiedä että olemme unessa. *Vairagya Satakamin* kaltaisten pyhien tekstien tarkoituksena on herättää meitä siten, että voisimme nähdä väläyksen totuudesta. Sen jälkeen voimmekin ryhtyä elämään henkistä elämää, ryhtyä harjoittamaan *sadhanaa* (henkisiä harjoituksia).

Narada Maharshin häät

On olemassa mielenkiintoinen tarina mayasta, siitä miten unohdamme kaiken emmekä edes tiedä, että olemme mayassa ja siitä miten yksi asia johtaa seuraavaan ja seuraavaan ja jälleen seuraavaan ja näin unemme syvenee ja syvenee ja lopulta toivottavasti huudamme Jumalaa avuksi ja alamme herätä.

Olette saattaneet kuulla Narada Maharshista. Narada on yksi taivaallisista pyhimyksistä. Hän ei elä maailmassa niin kuin me. Hän elää olemassaolon hienoilla tasoilla. Kun jätämme aineellisen kehon, niin kuin kaikki tulemme tekemään, emme lakkaa olemasta vaan elämme olemassaolon hienosyisillä tasoilla. On olemassa monia sellaisia maailmoita, joita kutsutaan *lokaksi*. Narada asuu tällaisissa hienosyisissä maailmoissa, joista hän voi ilmestyä maan päälle. Hän on ilmestynyt useita kertoja. Häntä pidetään hyvin suurena *mahatmana*, hyvin suurena pyhimyksenä.

Eräänä päivänä hän istui Himalajalla harjoittamassa *tapasia*, itsekuriharjoituksia. Hän meditoi, oli syvästi sisäänpäin kääntynyt – ei täydellisesti syventynyt, mutta kuitenkin syvästi sisäänpäin kääntynyt. Nähdessään hänet, jumalat, erityisesti Indra, jumalien kuningas, alkoi huolestua, koska jumalat eivät ole valaistuneita olentoja vaan heillä on joitakin inhimillisiä piirteitä, kuten kateutta ja pelkoa.

Tullakseen jumalaksi he tekivät paljon hyviä tekoja edellisissä elämissään, kuten hyväntekeväisyyttä, vedisiä jumalanpalveluksia ja pujia. He eivät olleet kiinnostuneita Itse-oivalluksesta, vaan saavuttamaan maallisia tavoitteita ja elämään taivaallisissa maailmoissa. Entisaikaan ihmiset saavuttivat sillä tavoin vaikeasti saavutettavia asioita, sellaisia jotka olisivat muuten olleet mahdottomia heidän mielestään saavuttaa. He käyttivät silloin apunaan *tapasia*, itsekuriharjoituksia, rukoilua ja katumusharjoituksia, erilaisia lupauksia ja muuta sellaista. Jumalat saavuttivat tuon olemisen tason tapasin avulla. He ovat voimakkaampia kuin ihmiset, mutta eivät pyhimyksiä tai tietäjiä.

Indralla on erityinen ominaisuus: vaikka hän onkin jumalien kuningas, hän on alati huolissaan siitä, että joku pyrkii hänen asemaansa. Joten kun hän näki Naradan istuvan tapasia harjoittamassa ja meditoimassa, hän ajatteli: 'Narada tavoittelee minun asemaani. Hän haluaa tulla jumalien kuninkaaksi.' Itse asiassa Narada ei voisi välittää vähempää, sillä hän on täynnä Jumalaa. Indra laittaa yleensä esteen *tapasvin*, *tapasia* harjoittavan polulle, ja yleensä kyse on aina yhdestä ja samasta esteestä. Hän lähettää neitokaisia, taivaallisia tanssijattaria alas. Heitä kutsutaan *apsaroiksi*. Hänellä on myös monia muita keinoja. Kerronpa teille yhdestä toisesta keinosta, joka hänellä on käytössään.

Kerran eräs joogi harjoitti *tapasia*. Joogi oli vannonut valan, että voittaisi makuaistinsa, ja siksi hän söi ainoastaan kuivia lehtiä, jotka olivat pudonneet puusta.

Tietäen tämän Indra lähetti sanansaattajan alas kori täynnä *papadamia* (rapeita ohuita lastuja, samanlaisia kuin perunalastut). Kaikki pitävät papadamista, jopa joogit! Indran lähetti mursi papadamit pieniksi palasiksi ja sekoitti ne maassa olevien lehtien joukkoon.

Kun joogi lopetti meditaationsa, hän alkoi poimia lehtiä syödäkseen niitä ja havaitsi, että ne maistuivat nyt erilaiselta kuin ennen. Lehdethän eivät maistu kovin hyviltä. Ne maistuvat karvailta, mutta nämä olivat erityisen maukkaita lehtiä. Syötyään noita lehtiä hänestä alkoi tulla lihavampi ja lihavampi. Hän alkoi tulla uneliaaksi harjoittaessaan meditaatiota, koska hänestä oli tullut tanakka. Hän alkoi nyt ajatella milloin hän voisi mennä jälleen syömään herkullisia lehtiä. Tällä tavoin Indra tuhosi hänen tapasinsa.

Tämä saattaa tietenkin olla vain tarina, mutta tällaista tapahtuu myös meille. Kun yritämme kohota korkeammalle tasolle henkisessä elämässämme, en tiedä saako Indra sen aikaan vai mikä, mutta erilaiset esteet ilmestyvät jostakin suunnaten huomiomme toisaalle.

Narada harjoitti siis tapasia. Indra päätti lähettää maan päälle muutamia *apsaroita*, neitokaisia, joiden tuli saada hänet luopumaan syvästä keskittymisestään. He tanssivat ja lauloivat *tablojen*, *mridangamien* ja harmoniumin tahdissa. Mutta Narada ei avannut silmiään. He yrittivät parhaansa, mutta mitään ei tapahtunut. Hän ei siltikään avannut silmiään, joten he luopuivat ja palasivat Indran luo, sanoen hänelle: "Epäonnistuimme."

Jonkin ajan kuluttua Narada avasi silmänsä, hän oli ollut vain meditaatiossa, ei *samadhissa* (ekstaasissa). Hän ajatteli: 'Olen varmaankin saavuttanut täydellisyyden, kun nuo apsarat eivät vaikuttaneet minuun.' Hän tunsi hieman ylpeyttä, niinpä hän meni Kailashin vuorelle. Hän halusi kerskailla jollekulle siitä, miten suuri hän oli. Saavuttuaan Shiva-jumalan luo, hän sanoi: "Shivaji, kuulitko? Harjoitin tapasia ja Indra lähetti monia neitokaisia luokseni ohjatakseen huomioni muualle, mutta se ei ollut minulle ongelma. En häiriintynyt siitä lainkaan. En edes avannut silmiäni, vaikka tiesin mitä oli meneillään."

Silloin Shiva sanoi: "Oi, sepä on upeaa! Olet todella suuri mahatma! Olet täydellinen. Kuulehan. Sopii hyvin, että kerrot siitä minulle, mutta älä kerro Vishnulle (sillä Vishnu on Naradan Guru ja Jumala). Pidä huoli siitä, että et kerro tästä lainkaan Vishnulle."

No, on perin luonnollista, että kun joku sanoo, että "Älä tee sitä", alamme heti ajatella menevämme ja tekevämme juuri niin. Amma on kertonut tarinan siitä, miten sairas mies meni tapaamaan lääkäriä saadakseen lääkettä. Lääkäri sanoi hänelle: "Kun otat tätä lääkettä, älä ajattele apinaa, sillä silloin lääke ei toimi."

Joten kun mies meni kotiinsa ja otti lääkettä, niin hän alkoi välittömästi ajattelemaan apinaa. Niinpä hän ei voinut ottaa lääkettä! Siis, jos sanot jollekulle, että hänen ei pitäisi tehdä jotakin, juuri sitä he haluavat tehdä.

Niinpä Narada meni saman tien Vishnun luokse sanoen hänelle: "Kuulitko jo uutiset? Minusta on tullut täydellinen. Jumalalliset neitokaiset eivät vaikuta minuun."

Vishnu sanoi:"Oi, sepä upeaa! Olen hyvin onnellinen kuullessani sen, Narada. Tiesin, että olet suuri – nyt tiedän, että olet täydellinen! Tulehan, mennään kävelylle."

He menivät kävelylle ja kun he kävelivät, Vishnu johdatti Narada autiomaahan. Oli todella kuuma, niinpä Vishnu sanoi: "Narada, olen todella janoinen! Voitko tuoda minulle jostakin lasin vettä?"

"Toki, Bhagavan. Odotan kun katson hieman ympärilleni."

Niinpä hän jätti jumalan ja alkoi etsiä. Hän löysi runsaan kilometrin päästä kylän ja meni sinne. Siellä oli kaivo, josta kaunis tyttö nosti vettä. Narada sanoi: "Haluaisin saada lasillisen vettä jollekulle."

Tyttö sanoi: "Toki. Tule talooni. Annan sinulle sieltä lasin ja vettä."

Niinpä he menivät taloon. Mitä enemmän Narada katsoi tyttöä ja jutteli hänelle, sitä enemmän hän alkoi pitää hänestä. Lopulta hän päätti mennä naimisiin hänen kanssaan. Maya! Se oli itse asiassa alkanut jo aiemmin, kun hänestä oli tullut ylpeä. Hän kysyi tytön isältä, voisivatko he mennä naimisiin. Isä sanoi: "Toki."

Niinpä he menivät naimisiin ja sillä tavoin Narada päätyi mukaan liike-elämään. Hän aloitti kylässä oman liiketoimintansa, sai kolme tai neljä lasta, ja tällä tavoin kului seitsemän tai kahdeksan vuotta.

Eräänä päivänä nousi valtava myrsky ja kylän lähellä oleva joki tulvi. Vesi alkoi levitä kaikkialle. Joki nousi ja nousi, ja tulvi myös Naradan taloon. Kaikki, myös vaimo ja lapset kiipesivät katolle, silti vesi jatkoi nousemistaan. Kaikki alkoivat olla huolissaan. Yksi kerrallaan lapset huuhtoutuivat pois. Myös vaimo huuhtoutui tulvaan ja Narada oli onneton. Kun joki oli viedä myös hänet mennessään, hän huusi kurkku suorana: "Vishnu, Narayana, pelasta minut!"

Siihen asti hän ei ollut edes ajatellut Vishnua tai Narayanaa. Heti kun hän huusi, vesi alkoi laskea, kylä katosi ja hän huomasi seisovansa Vishnun vierellä.

Vishnu katsoi häntä ja sanoi: "Narada, missä on minun vesilasini?"

Kahdeksan vuotta oli mennyt mayan koukeroissa. Tätä kaikkea on siis maya. Me lähdimme etsimään Jumalaa. Jotenkin päädyimme kuitenkin mayaan, harhaan. Jouduimme tekemisiin mayan kanssa, ja jossakin vaiheessa itkemme Jumalaa. Jotakin tapahtuu mayan unessa. Me keksimme jonkin verukkeen tai sitten jokin menee vikaan, emmekä halua enää jatkaa tässä unessa, jolloin huudamme Jumalaa avuksemme. Tästä alkaa unen päättyminen. lopulta palaamme sinne, mistä olemme tulleet, Jumalaan.

Tämä on mahdollista, ja niin usein tapahtuukin, jos olemme tekemisissä *mahatman* (suuren sielun) kanssa. Yleensä niin ei tapahdu itsestään. Pyhimyksen siunaus tai Amman kaltaisen pyhimyksen seura tai kenties sellaisen pyhimyksen, jota emme voi edes nähdä, joka on jo jättänyt ruumiinsa, saattaa myös siunata meidät. Kenties luemme pyhän kirjan, jonka olemme saattaneet lukea monia kertoja, mutta kun luemme sen tällä kertaa, sillä on meihin sellainen vaikutus, että se muuttaa elämämme täysin. Meistä on tullut vakavia henkisen elämän suhteen.

Ganesha-jumala, kauppias ja kerjäläinen

Tämä muistuttaa minua toisesta tarinasta. Luulenpa, että kyse on tosi tarinasta. En voi vannoa asiaa, sillä en ole nähnyt tätä omin silmin, olen vain kuullut tästä. Muutamia turisteja vieraili Intiassa tutustuen erilaisiin turistikohteisiin. Vieraillessaan eräässä kaupungissa sen läheisyydessä oli metsä, jonne he päättivät mennä. He ajattelivat, että siellä voisi olla miellyttäviä paikkoja, kenties jopa jokin temppeli. Edettyään syvälle metsään he löysivät sanjaasin, joka istui puun alla. Yksi heistä sanoi: "Swamiji, olemme turisteja. Tiedätkö mitään hienoa paikkaa täälläpäin, missä voisimme vierailla?"

Swamiji vastasi: "Itse asiassa, jos jatkatte eteenpäin muutamia kilometrejä, tulette kylään. Siellä on ihastuttava Ganesha-temppeli, eikä siellä oleva Ganesha ole pelkkä Ganesha. Se ei ole vain kivinen patsas. Se on elävä olento."

"Oh, Swamiji, tuo on hölynpölyä. Kuinka voit sanoa noin?"

"Tiedän tämän varmuudella. Minäpä kerron teille tarinan siitä, mitä siellä tapahtui. Tuossa kylässä oli kaksi ihmistä, jotka olivat hyvin omistautuneita Ganeshalle. Toinen heistä oli varakas kauppias ja toinen sokea kerjäläinen. Sokea kerjäläinen tapasi istua temppelin edessä koko päivän pitäen pientä kangasta levitettynä eteensä maahan, toivoen saavansa muutaman kolikon palvojilta. Varakkaalla kauppiaalla oli tapana mennä aina aamuisin kävellen Ganesha-temppeliin rukoilemaan: 'Oi Ganesha, anna minulle liiketoimistani tänään satatuhatta rupiaa.' Iltaisin hän palasi jälleen. Yleensä hän oli ollut menestyksekäs, niinpä hän tuli kiittämään Ganeshaa.

Eräänä päivänä kerjäläisllä ei ollut mitään syötävää. Hän ei ollut saanut lainkaan rahaa. Ei ollenkaan! Hänellä oli myös perhe. Hänen perheensä näki nälkää. Hän meni temppeliin. Hän oli kyynelissä. Hän meni Ganeshan luo sanoen: "Ganesha, kuinka saatat jättää lapsesi tällä tavoin näkemään nälkää? Minulla ja perheelläni ei ollut eilen mitään syötävää. Emme saaneet lainkaan rahaa. Miksi olet niin välinpitämätön meitä kohtaan? Miksi olet niin julma?'

Hän lähti temppelistä itkien. Juuri sillä hetkellä kauppias astui temppelin sisäpuolelle, ja siinä samassa sisäpuolelta kuului ääni. Kaksi ääntä kuului keskustelevan keskenään, toinen niistä oli naisen ääni ja toinen miehen ääni. Naisen ääni sanoi: 'Poikani, miksi olet niin välinpitämätön palvojaasi kohtaan? Miksi et voi antaa armosi sataa hänen päälleen? Hän on istunut täällä niin monta vuotta?'

Silloin miehen ääni kuului sanovan: 'Olet oikeassa, Äiti. Huomenna iltapäivällä teen hänestä miljonäärin.'

Kuka olikaan tuo nainen? Ganeshan äiti, Parvati Devi.

Köyhä mies ei kuullut tätä keskustelua, mutta kauppias kuuli kaiken. Hän laski yhteen kaksi plus kaksi. Hän ymmärsi mistä oli kysymys. Hän oli hyvin ovela, mutta myös hyvin kiero. Hän suoritti *namaskaran* (tervehdyksen) Ganeshalle, tuli ulos temppelistä ja meni köyhän miehen luo sanoen: 'Annan sinulle sata rupiaa yhdellä ehdolla: mitä hyvänsä saatkin huomenna kerjätessäsi, annat sen minulle.'

Kerjäläinen tiesi, ettei hän saisi muuta kuin muutamia pennejä, muutaman paisan, niinpä hän sanoi: 'Tämä on hyvä sopimus. Saat ilman muuta kaiken mitä saan huomenna. Otan vastaan sata rupiaa.'

Hän sai nyt sata rupiaa, ja meni ostamaan ruokaa perheelleen. Hän oli hyvin onnellinen.

Kauppias ei kyennyt nukkumaan sinä yönä, niin jännittynyt hän oli. Hän tulisi saamaan ainakin miljoona rupiaa huomenna. Niinpä hän tuli temppelille seuraavana päivänä yhdentoista aikaan ja istuutui odottamaan. Mutta mitään, ei edes yhtä penniä, ollut laitettu kerjäläisen kulhoon. Sitten hän odotti puoleen päivään, mutta mitään ei tapahtunut. Sitten kello oli jo yksi, eikä mitään ollut tapahtunut, sitten kello oli kaksi, eikä mitään tapahtunut. Hän oli turhautunut. Hän meni temppeliin ja ryhtyi huutamaan: 'Minkälainen jumala sinä oikein olet? Menetin sata rupiaa uskoessani sinuun!'

Samassa hän tunsi, että jokin kietoutui hänen kaulansa ympärille. Vilkaistessaan alaspäin hän näki, että kyse oli elefantin kärsästä. Se puristi häntä ja painoi häntä aitaa vasten. Hän kuuli äänen sanovan: 'Sinä kiero kaveri. Parasta, että huudat nyt kirjanpitäjääsi. Pyydä häntä tulemaan tänne.'

Niinpä mies huusi niin kauan, että hänen kirjanpitäjänsä sai tietää siitä ja saapui juosten paikalle. Silloin ääni komensi: 'Käske häntä nyt antamaan miljoona rupiaa tuolle köyhälle kerjäläiselle.'

Niinpä mies lahjoitti miljoona rupiaa kerjäläiselle. Ja tämän jälkeen, Ganeshan kosketuksen ansiosta, tämän miehen mieli muuttui tyystin. Kun hän meni kotiinsa tuona iltana, hän antoi puolet omaisuudestaan perheelleen ja jakoi toisen puolen kaikille tuntemilleen köyhille. Sitten hän istuutui puun alle ja ryhtyi tekemään henkisiä harjoituksia. Hän antautui Jumalalle ja saavutti mielenrauhan."

Turistit, joka kuulivat tämän tarinan, sanoivat: "Swamiji, tuo on mainio tarina, mutta kuinka voisimme uskoa, että tuollaista voi oikeasti tapahtua, että kivisestä Ganeshasta voisi tulla elävä ja että se voisi ottaa jotakuta kaulasta kiinni ja puhua? Oletko tavannut tuon henkilön? Voitko antaa meille tästä jonkin todisteen? Tiedätkö ketään, joka olisi nähnyt tämän?"

Rauhallinen ilme kasvoillaan, joka heijasteli hänen sisäistä kokemustaan, swami vastasi: "Minä olin tuo kauppias."

Bhartrihari jatkuu

Tällä tavoin mies muuttui Jumalan kosketuksesta. Tällainen on tietenkin hyvin harvinaista ja jopa vaikeaa uskoa, mutta on olemassa monia ihmisiä, jotka ovat muuttuneet Amman kosketuksen vaikutuksesta, ja jotka ovat alkaneet elää henkistä elämää tuosta hetkestä eteenpäin. Kun olemme muuttuneet ja päättäneet tavoitella ikuista, kun olemme alkaneet nähdä maailman ohimenevänä, että ruumiimme, omaisuutemme ja perheemme katoavat silmiemme edessä, että myös me rapistumme, ja että niin sanottu syvä rakkaus ja kiintymys, jota kaikki näyttävät tuntevan toisiaan kohtaan, voi myös haihtua millä hetkellä hyvänsä, mitä silloin teemme? Tähän kohtaan jäimme *Vairagya Satakamin* suhteen viime viikolla. Paljastettuaan meille mayan, maallisen elämän olemuksen ja ravisteltuaan meitä, Bhartrihari jatkaa:

"Kun maine on mennyt, omaisuus on raunioina, ne jotka ovat nostaneet oikeusjutun hyötyäkseen, ovat poistuneet pettyneinä, kun ystävät ovat kaikonneet, palvelijat ovat lähteneet ja nuoruus on hiljalleen rapistunut, jäljellä on vain yksi viisaalle sopiva asia: oleskelu jossakin lehdossa, Himalajan laaksossa, missä Gangesin vedet puhdistavat kallioita."

Saavutettuamme vaiheen, missä kaikki harhakuvitelmat tai illuusiot maailman suhteen ovat jättäneet meidät, kun näemme, että tässä maailmassa ei ole mitään arvokasta, mitä meidän tulisi tehdä? Mennä Himalajalle, Gangesin rantamille harjoittamaan sadhanaa, oivaltaaksemme Jumalan. Tällä tavoin Bhartrihari teki. Tämä oli hänen kokemuksensa ja polkunsa.

"Ilahduttavia ovat kuun säteet. Ilahduttavia ovat metsän laitamien ruohikot. Ilahduttavaa on viisaan miehen seuran lahjoittama riemu. Ilahduttavia ovat kertoma-kirjallisuus ja runollinen kirjallisuus. Ilahduttavat ovat rakkaan kasvot, hänen uidessaan teeskennellyn vihan kyynelissä. Kaikki on viehättävää, mutta mikään ei ole viehättävää, kun mieli on katoavaisuuden pauloissa."

Kaikki nämä asiat ovat kovin kauniita. Kaunis vihreä nurmi kukkuloilla, kaunis runous, hyvien ihmisten seura, kuun säteet, rakkaan kasvot. Mutta kun mielemme on herännyt vairagyaan, kun ymmärrämme kaiken katoavaisuuden, haihtuu lumous silmiemme edestä, eikä mikään ole enää niin ilahduttavaa.

"Halut ovat poistuneet sydämestämme. Katso, nuoruus on kaikonnut ruumiistamme. Hyveet ovat osoittautu-neet tyhjiksi, kaivatessamme kunnioittavia ihailijoita. Voimallinen, kaiken tuhoava, armoton kuolema lähes-tyy nopeasti. Mikä neuvoksi? Voi minua! En näe muuta turvaa kuin Cupidon tuhoajan jalat."

Kuka on Cupidon, maallisen rakkauden tuhoaja? Shiva-jumala. Tarina kertoo siitä, miten jumalat halusivat Shivan saavan lap-sen, joka tuhoaisi demonin, joka kiusasi heitä. Niinpä, Cupido lähetettiin huolehtimaan tästä tehtävästä. Kun Shiva-jumala istui meditoimassa, Cupido ampui häneen kukkaisnuolen, jotta hän heräisi ja hurmaantuisi jumalattareen tehdäkseen hänen kanssaan lapsen. Shivan kolmas silmänsä avautui ja rakkauden jumalatar, Kama, paloi tuhkaksi. Tarinan merkitys on tietenkin siinä, että, että vain jos kolmas silmämme avautuu, jos saamme näyn Itsestä tai Jumal-oivallus herää meissä, silloin *kama* tai seksuaalinen halu on mahdollista tuhota tyystin. Seksuaalisen halun ylittäminen on mahdollista ainoastaan Jumal-oivalluksen tilassa. Niinpä Bhartrihari sanoo, että hänelle ei ole olemassa muuta turvaa universaalin harhan ylittämisessä kuin Jumala.

"Rauhallisessa asennossa istuen, yön äänien vaimentuessa hiljaisuuteen, jossakin Gangesin taivaallisen joen rantamilla, säteilevässä kuunvalossa, peläten syntymän ja kuoleman pelottavaa kurjuutta, itkien ääneen: 'Shiva! Shiva! Shiva!' Oi, milloin saavutamme autuuden, jonka merkkinä tulevat ilon runsaat kyyneleet?"

Milloin saamme istua kuunvalossa, Gangesin rantamilla itkemässä Jumalaa, peläten syntymän ja kuoleman onnettomuutta? Milloin saamme kokea Jumal-oivalluksen autuuden, jolloin autuuden kyyneleet vuotavat kasvoillamme?

"Antaen pois kaiken omaisuutemme, sydän täynnä myötätuntoa, muistaen kohtalon suunnan, joka päättyy tässä maailmassa surkeasti. Koska ainut turvamme on Shivan jalkojen mietiskely. Oi, vietämme pyhässä metsässä yön, joka hehkuu syksyisen täysikuun säteissä."

Mikä siis onkaan meidän surkea kohtalomme? Kuolema.

"Milloin saan viettää päiviä niin kuin ne olisivat yksi hetki, oleskellen Gangesin rannalla Varanasissa, kietoutuneena vain yhteen kankaaseen, kohottaen yhteen liitetyt käteni otsalleni, itkien: 'Oi Gaurinatha, Gaurin herra, Tripurahara, Tripuran voittaja, Shambo, kaiken hyvän antaja, Trinayana, kolmisilmäinen, anna armosi langeta minulle!'"

Milloin tulee se päivä, jolloin voin asua Kashilla, Gangesin rantamilla itkien Jumalaa?

"He jotka voivat syödä vain käsillään, jotka tyytyvät kerjäämäänsä ravintoon, jotka lepäävät missä tahansa, jotka eivät tarvitse taloa eikä vuodetta, jotka pitävät maailmankaikkeutta ruohonkortena, jotka jo ennen kuin he luopuvat ruumiistaan kokevat jatkuvaa korkeinta autuutta. Tällaisille joogeille, polusta, jolle on helppo astua, tulee saavutettavissa oleva Shivan armosta."

Joillakin sanjaaseilla ei ole edes kerjuukulhoa. He vain astelevat taloihin ja ojentavat kätensä saadakseen almuja.

"Oi Äiti Lakshmi, omaisuuden jumalatar, palvele jotakuta toista. Älä kaipaa minua. He, jotka haluavat nautintoa, ovat sinusta riippuvaisia, mutta mitä sinä merkitset meille, jotka olemme haluista vapaita?"

Kaikki tässä maailmassa, paitsi sanjaasit, rukoilevat Lakshmia, koska he haluavat omaisuutta, vaurautta, viihdettä ja nautintoja. Mutta sanjaaseilla ei ole maallisia haluja, he haluavat jotakin, joka on maallista onnea ja nautintoa korkeampaa. He halajavat Jumal-oivalluksen autuutta. Joten Lakshmi, älä tule minun luokseni. Mene heidän luokseen, jotka haluavat sinut.

"Tämä maa on hänen sänkynsä. Käsivarret ovat hänen tyynynsä. Taivas on hänen kattonsa. Tuuli on hänen tuulettimensa, kuu on hänen lamppunsa. Pyhimys iloitsee maailmasta luopumisesta niin kuin se olisi hänen vaimonsa ja käy makuulle onnellisena ja rauhassa niin kuin katoamattoman loiston hallitsija."

Kuinka kaunis onkaan tämä kuvaus! Mahatmalle Luonto-Äiti on kaikki kaikessa. Tuuli on hänen tuulettimensa, kuu on hänen lamppunsa. Takertumattomuus tai luopuminen on hänen vaimonsa ja hän käy makuulle maankamaralle, sängylleen, niin kuin kuningas kaikessa loistossaan.

"Koittavatko nuo onnen päivät minulle, jolloin saan istua lootusasennossa kiven päällä, Gangesin virran äärellä, Himalajan vuoristossa, vaipuen samadhiin, joka on seurausta säännöllisestä Brahmanin meditoimisesta, jolloin jopa antiloopit, joilla ei ole mitään pelättävää, hierovat jäseniään ruumistani vasten?"

Koittavatko nuo päivät koskaan, jolloin saan istua samadhissa Himalajalla ja olla niin keskittynyt Jumalaan, että jopa antiloopit luulevat minua puuksi ja hierovat itseään minua vasten?

Ja tässä tulee viimeinen säe:

"Oi maa, äitini, oi tuuli, isäni, oi tuli, ystäväni, oi vesi, sukulaiseni, oi taivas, veljeni. Tässä ovat viimeiset tervehdykseni yhteen liitetyin käsin. Heitettyäni pois mayan, harhan ihmeellisine voimineen, puhtaan tiedon runsaudella, loistaen niistä ansioista, jotka teidän kaikkien seura on minulle lahjoittanut, minä sulaudun nyt Korkeimpaan Todellisuuteen, Brahmaniin."

Maailmankaikkeuden siunauksella ja ylittäen mayan, harhan jumalallisen voiman Itse-oivalluksen avulla, minä kumarran teille kaikille ja sulaudun äärettömyyteen, absoluuttiseen Brahmaniin.

Laulut henkisenä harjoituksena

"Auringon laskiessa ilmapiiri on täynnä epäpuhtaita värähtelyitä. Tällöin päivä ja yö kohtaavat ja tämä on paras aika *sadhakoille* (henkisille oppilaille) meditoida, koska silloin on mahdollista saavuttaa hyvä keskittyminen."

Mitä Amma tarkoittaa sanoessaan, että ilmapiiristä tulee epäpuhtaampi auringon laskiessa? Missä hyvänsä on ihmisiä, siellä heidän kielteiset, *adharmiset* ajatuksensa ja tunteensa, kuten viha, kateus, ahneus, kosto, itsekkyys ja niin edelleen virtaavat heidän mielestään ja väreilevät ilmapiirissä. Näin on asia laita myös heidän hyvien tai *dharmisten* ajatustensa kanssa. Valitettavasti useimpien ihmisten mieli on täynnä ajatuksia, jotka kumpuavat itsekkyydestä. Tässä voi olla yksi syy siihen, miksi menneisyyden tietäjät elivät metsissä eikä kylissä ja kaupungeissa. Metsää pidetään *sattvisena* (puhtaana), kylää *rajasisena* (intohimoisena) ja kaupunkia *tamasisena* (epäpuhtaana).

Luonto-Äidillä on kolme erilaista olemuspuolta. Yksi on *sattva*, mikä tarkoittaa tyyntä, vakaata ja rauhallista. Ajattele vettä, joka on hyvin tyyni tai kun seisomme vuoren huipulla ja katselemme ympärillämme avautuvaa avaruutta. Miltä meistä silloin tuntuu? Koemme *sattvista* tunnelmaa.

Entä sitten *rajas? Rajas* tarkoittaa toimeliaisuutta, levottomuutta, kunnianhimoa, kuumuutta. Sen väri on punainen. *Sattvan* väri on valkoinen.

Ja sitten on tamas joka tarkoittaa velttoutta, tylsyyttä, virheitä, erehtymistä, laiskuutta, välinpitämättömyyttä ja jääräpäisyyttä. *Tamaksen* väri on musta. Sellaista on velttous.

Bhagavad-Gitassa Krishna jakaa ihmiset kahteen eri luokkaan: jumalalliseen ja demoniseen.

Siunattu Herra sanoi:

1. Pelottomuus, sydämen puhtaus, totuudellisuus, vakaus tietoisuudessa ja joogassa, itsekuri ja jumalanpalvonta, pyhien kirjoitusten opiskeleminen, yksinkertaisuus, suoraselkäisyys,

2. Väkivallattomuus, totuudellisuus, vapaus vihasta, luopuminen, tyyneys, pahan puhumisen välttäminen, myötätuntoisuus, ahnehtimattomuus, kohteliaisuus, vaatimattomuus, horjumattomuus,

3. Elinvoimaisuus, anteeksiantavaisuus, rohkeus, puhtaus, vihamielisyyden välttäminen ja vapaus ylpeydestä ovat jumalallisia ominaisuuksia, oi Bharata.

4. Kerskailu, ylimielisyys ja viha samoin kuin röyhkeys ja tietämättömyys ovat hänen ominaisuuksiaan, joka omaa demonisen luonteen.

5. Jumalallisen luonteen omaava saavuttaa vapautuksen, demonisen luoteen omaava joutuu orjuuteen. Älä sure, oi Pandava, sinä omaat jumalallisen luonteen.

6. Tässä maailmassa on kahdenlaisia olentoja, jumalallisia ja demonisia. Jumalallisia on kuvattu laajasti, kuule nyt Minulta, oi Partha, demonisista.

7. Demoniset eivät tunne sen enempää toimintaa kuin toimimattomuuttakaan, eivät puhtautta eivätkä hyvää käytöstä, eivätkä he omaa totuutta.

8. He sanovat: "Maailmankaikkeus on epätodellinen, eikä sillä ole alkulähdettä eikä Jumalaa, se syntyy yhtymisestä, joka saa alkunsa yksin himosta."

9. Pitäytyen tällaiseen näkemykseen, nämä onnettomat sielut, jotka omaavat vaatimattoman ymmärryskyvyn,

tekevät julmia tekoja, ja ovat tämän maailman vihollisia edistäen sen tuhoutumista.

10. Täynnä täyttymättömiä haluja, tekopyhinä, ylpeinä ja ylimielisinä, pitäytyen harhan synnyttämiin epäterveisiin näkemyksiinsä, heitä ajaa eteenpäin epäpyhät päämäärät.

11. Valtavien huolten ympäröimänä, jotka päättyvät vasta kuolemassa, heidän korkein päämääränsä on aistinautinnot, vakuuttuneina siitä, että mitään muuta ei ole olemassa.

12. Lukemattomien toiveiden sitomina, himon ja vihan täyttäminä, he antautuvat himolle ja vihalle, pyrkien saamaan epärehellisin keinoin itselleen omaisuutta voidakseen toteuttaa aistinautintojaan.

13. 'Tämänkin minä olen onnistunut saamaan tänään, tämän halun olen onnistunut toteuttamaan, tämä on minun ja myös tämä omaisuus tulee olemaan minun tulevaisuudessa.

14. Tämän vihollisen olen minä voittanut ja myös toisia minä tulen tuhoamaan. Minä olen herra, minä nautin, olen menestynyt, voimakas ja terve.

15. Minä olen rikas ja syntynyt hyvää sukuun. Kuka olisikaan minun veroiseni? Minä uhraan, minä lahjoitan, minä nautin.' Tällä tavoin hän on tietämättömyyden sokaisema.

16. Mielikuvituksensa hämmentämänä, harhan sokaisemana, riippuvaisena halujensa tyydyttämisestä, he putoavat saastaiseen helvettiin.

17. Ylistäen itseään, jääräpäisinä, täynnä ylpeyttä ja rikkauksiensa huumaamina, he suorittavat tekopyhinä nimellisiä uhrauksia välittämättä pyhistä ohjeista.

18. Täynnä itsekkyyttä, vallanhalua, ylimielisyyttä, himoa ja vihaa nämä pahansuovat vihaavat Minua omassa ja toisten ruumiissa.

19. Nämä julmat vihaajat, ihmisistä pahimmat, nämä pahantekijät Minä sinkoan yhä uudelleen maailmaan demonisiin kohtuihin.

20. Laskeutuessaan demonisiin kohtuihin syntymä syntymän jälkeen nämä harhautuneet, jotka eivät saavuta Minua koskaan, oi Kuntin poika, laskeutuvat vielä sitäkin alemmalle tasolle.

21. Helvettiin johtaa kolmiovinen portti – himon, vihan ja ahneuden portti, joka on itsensä tuhoava. Sen tähden näistä kolmesta tulisi luopua.

Luku 16, jakeet 1-21

Tässä meillä on tyhjentävä kuvaus inhimillisistä puutteista. Yksi syy sille, miksi on hyvä kuunnella tällaista opetusta, on siinä, että näkisimme minkälaisia demonisia ominaisuuksia meissä yhä on ja minkälaisia jumalallisia ominaisuuksia meissä ei ole. Mieli ei ole kiveen valettu. Se on elävä, muuttuen alati ajatustemme, puheittemme ja tekojemme mukaisesti. Voimme ponnistella omataksemme jumalallisia ominaisuuksia ja luopuaksemme demonisuudesta. Itse asiassa meidän tulee tehdä niin. Vaikka Amma ei puhukaan meille näin suoraviivaisella tavalla eikä näin vastakohtaisin käsittein, hän painottaa kuitenkin myös mielen puhdistamista kielteisistä ominaisuuksista sadhanan (henkisten harjoitusten) ja hyvän käytöksen avulla.

Kun ilmapiirissä on tällaista hienosyistä epäpuhtautta, onko mikään ihme, että päivän päättyessä mielemme on niin epäpuhdas? Kaikki nämä ajatukset vaikuttavat meihin suuresti. Mahatmat ovat hyvin herkkiä ajatuksille ja ympärillään oleville värähtelyille. He näkevät hyvien ja pahojen ajatusten voimallisen vaikutuksen. *Bhagavatamissa* sanotaan, että yksi syy siihen, että pyhimykset matkustavat pyhiin paikkoihin, on siinä että he puhdistavat nuo paikat jumalallisella läsnäolollaan. Koska Jumala loistaa heidän sydämessään, he ovat suurimpia puhdistajia maan päällä. Amma kutsuaan itseään toisinaan leikkisästi sielujen pölynimuriksi.

Huolimatta hienosyisestä saasteesta, auringonlaskun aika on parasta aikaa henkisille harjoituksille. Ehkä se johtuu siitä, että silloin luonto tyyntyy tehden tilaa yölle, jolloin on suhteellisen rauhallista ja tyyntä. Meidän tulee muistaa, että olemme osa luontoa ja että voimme tuntea erilaisia muutoksia, jos vain kiinnitämme niihin huomiota. He, jotka kykenevät tuntemaan tämän, sanovat meille, että mikä on paras aika meditoida.

Illalla ja aamulla, juuri ennen kuin aurinko laskee ja juuri ennen kuin aurinko nousee, on herkintä aikaa mielemme kannalta. Perinteen mukaan se, mitä ihminen tekee noina hetkinä, jättää syvän vaikutuksen tai *vasanan* (tottumuksen) mieleen. Tästä johtuen tuolloin ei tule tehdä maallisia, *rajasisia* ja *tamasisia* toimia kuten syödä tai nukkua. Tällainen toiminta lisää meissä taipumusta tehdä samoin aina uudelleen noina hetkinä. Toisaalta *sattvisten* toimien tekeminen noina aikoina lisää jumalallisia ominaisuuksiamme.

Bhagavatamissa on tarina tästä periaatteesta. Diti, *asurien* (demonien) äiti halusi rakastella miehensä, tietäjä Kashyapan kanssa. Koska aviomies oli juuri tekemässä päivittäistä jumalanpalvelustaan ja oli iltahetki, hän kehotti vaimoaan odottamaan hetken, sitten hän voisi tyydyttää vaimonsa. Vaimo ei kuitenkaan kyennyt hallitsemaan intohimoaan vaan painosti miehensä yhdyntään. Tästä johtuen hän synnytti myöhemmin *asura*-kaksoset, Hiranyakashan ja Hiranyakashipun, jotka molemmat Vishu-jumala tappoi. Tarinan opetus on siinä, että älä harjoita seksiä ilta-aikaan, jos haluat saada *sattvisia* lapsia.

Amma sanoo tästä:

"Jos *sadhanaa* ei harjoiteta, maallisia ajatuksia nousee lisää mieleemme. Sen tähden *bhajaneita* tulisi laulaa auringonlaskun aikaan. Tällä tavoin ilmapiiri puhdistuu samalla."

Tänä aikana meidän voimallisin ominaisuutemme voimistuu entisestään. Jos olemme ensisijaisesti henkisiä, meistä tulee tällöin entistä henkisempiä. Taipumuksemme meditoida, rukoilla tai laulaa bhajaneita voimistuu. Haluamme vaistomaisesti tehdä tällaisia asioita. Maalliset ihmiset, jotka eivät omaa henkisiä taipumuksia, tuntevat suurempaa vetovoimaa maallisia toimintoja kohtaan, kuten nautintoa, viihdettä, nukkumista ja sen sellaista kohtaan. Lankeaminen näinä aikoina voimistaa tällaisia ominaisuuksiamme. Amma sanoo, että sadhakan tulisi käyttää nämä ajat parhaalla mahdollisella tavalla ja taistella kielteisiä ominaisuuksiaan vastaan.

Suurin osa meistä ei edes huomaa tällaisia asioita. Nousemme aamulla ylös, menemme kylpyhuoneeseen, syömme aamiaista, matkustamme työpaikalle, tulemme takaisin, hoidamme asioitamme ja menemme nukkumaan. Sellaista on suurimman osan ihmisistä elämä. Mutta sadhaka ei ole tällainen. Sadhakan tulee olla hereillä siitä mitä tapahtuu, sekä ulkopuolella että omassa mielessään. Amman viesti on tarkoitettu heille, jotka haluavat olla tarkkaavaisia, jotka haluavat olla varovaisia ja hyötyä kaikesta ja ajatella henkistä kehitystään.

Bhajan on *rajasinen sadhana*. Se on sadhana, johon sisältyy paljon toimeliaisuutta. Käytämme kehoamme, ääntämme, mieltämme ja tunteitamme. Emme pyri tulemaan tyyniksi ja rauhallisiksi. Sen sijaan pyrimme keskittämään olemuksemme yhteen asiaan, Jumalaan.

Bhajan ei ole *sattvinen sadhana* (rauhallinen henkinen harjoitus), koska se on niin toiminnallinen. Amma sanoo, että sellaista sadhanaa tarvitsemme taistellaksemme iltahetken kielteisiä vaikutuksia vastaan. Toisinaan on hyvä taistella tulella tulta vastaan ja tämä on juuri sellainen harjoitus tällaista tilannetta varten.

”Lapset, koska *kali-yugan* (tietämättömyyden aikakauden) aikana ilmapiiri on täynnä ääniä, saavuttaaksemme keskittyneisyyden, bhajan on parempi kuin meditaatio.”

Kuuntelepa hetkinen. Huomioi kaikki äänet. Lentokone lentää yläpuolellamme ja lapsi itkee jossakin, lehmä ammuu ja joku avaa ja sulkee ovea talon toisessa päädyssä. Linnut sirkuttavat ja kuuluu monia muitakin ääniä. Tätä ei voi välttää. Hänelle, jonka mieli ei ole vahva, jonka mieli ei ole keskittynyt, jokaisesta pienestäkin äänestä tulee häiriötekijä, kun hän yrittää meditoida. Niinpä Amma sanookin, että meidän ei tarvitse taistella ääniä vastaan, hukuttakaamme ne bhajaneihin.

Amritapurissa sattui monia huvittanut tapahtuma melko kauan aikaa sitten. Eräänä iltana ashramin asukkaat istuivat yhdessä, kun naapurit, jotka olivat meistä vain viidentoista metrin päässä, alkoivat riidellä. Riita on itse asiassa lievä ilmaisu, kyse oli sodasta! He kirkuivat, huusivat ja heittelivät esineitä. Emme olleet uskoa korviamme. En ollut koskaan kuullut ihmisten riitelevän tuolla tavoin, se oli todellakin taistelua kaikilla tasoilla. Ja monet saapuivat tuolloin Amman luo saadakseen vastaanottaa hänen *darshaninsa* (halauksensa). Arvatkaapa mitä Amma pyysi meitä tekemään? Meillä oli pieni äänentoistolaitteisto, joka ei ollut mikään kovin korkeatasoinen laitteisto. Itse asiassa se oli melko heikkolaatuinen. Amma sanoi: ”Kääntäkää se täysille.”

Niinpä me käynnistimme bhajan-nauhoituksen ja soitimme sitä niin lujaa, että ääni särkyi eikä ollut mahdollista saada edes selvää mitä nauhoituksessa laulettiin! Mutta toisaalta emme enää kuulleet mitä naapuritalossa tapahtui. Emme kuulleet muuta kuin tuon musiikin pauhun!

Lukiessani tätä ajatelmaa mieleeni tulee tämä Amman periaate. Voimme siis voittaa melun luomalla vielä enemmän melua.

Tässä on yksi syy sille, miksi laulamme bhajaneita. Emme kenties ole tulleet ajatelleeksi tätä. Emme laula bhajaneita täällä sen tähden, mutta tässä on silti yksi hyvä syy lisää laulaa niitä. Jos yritämme meditoida, mielemme häiriintyy jokaisesta pienestäkin äänestä. Mutta kun laulamme bhajaneita, vieraat äänet eivät häiritse keskittymistämme eivätkä aiheuta häiriötä. Tietenkin varsinainen syy sille, miksi laulamme bhajaneita, on siinä, että sydämemme on laulamisessa mukana. Se saa sydämemme avautumaan ja keskittyneisyytemme tulee siten syvemmäksi kuin muina aikoina. Sen tähden kyse on hyvin tehokkaasta sadhanasta.

"Tarvitsemme hiljaisen ympäristön voidaksemme meditoida. Tästä johtuen bhajanit ovat tehokkaampi keino saavuttaa keskittyneisyyttä. Laulaessamme voimallisesti häiritsevät äänet ylittyvät ja saavutamme keskittyneisyyden. Keskittymistä seuraa meditaatio. Bhajanit, keskittyneisyys, meditaatio, tällä tavoin etenemme. Lapset, jatkuva Jumalan muistaminen on meditaatiota."

Mitä onkaan tämä *kali-yuga*, josta Amma puhuu? Ajatelman alussa hän sanoi: "Kali-yugan aikana on niin paljon ääniä." Intian filosofian mukaan kali-yuga on tietty ajanjakso. Aivan niin kuin on olemassa kulta-aika, hopea-aika, kupariaika ja rauta-aika, jotka pitävät sisällään erilaisia ominaisuuksia. Kali-yuga on eripuraisuuden aikakausi. Silloin maallisuus vallitsee hyvin pitkän ajanjakson ajan.

Useita tuhansia vuosia sitten, jo kauan ennen tämän aikakauden alkamista, pyhimys Vyasa Maharshi kirjoitti kuvauksen kali-yugasta, kuvaten mitä tulevaisuudessa tulee tapahtumaan. Kun hän kirjoitti tämän kuvauksen, asiat eivät olleet vielä sillä tolalla, millä ne ovat tänä päivänä, eivät lainkaan. Ihmiset olivat mielenlaadultaan *dharmisia* (eettisiä). He elivät elämäänsä perinteiseen tapaan. Heidän ihanteensa oli *dharma*, noudattaa velvollisuuksiaan saadakseen nähdä Jumalan, voidakseen tehdä hyviä asioita kaiken aikaa. Elää säännösteltyä elämää. Niinpä on ihmeellistä, kuinka oikeassa tämä mahatma olikaan, kun hän kirjoitti tämän.

Hän kirjoittaa ajan etenemisestä ja sanoo kali-yugasta:

"Siitä lähtien, päivä päivältä, kaiken voittavan Ajan vaikutuksesta, oikeudenmukaisuus, kehon ja mielen puhtaus, anteeksianto, myötätunto, elämän pituus, ruumiillinen elinvoima ja muistin voima heikkenevät. Kali-yugan aikana varallisuus yksin ratkaisee suvun arvon ja omaisuus yksin ratkaisee eettisyyden ja ansiokkuuden. Samoin asema yksin ratkaisee oikeassa olemisen. Henkilökohtainen mieltymys tulee olemaan ratkaiseva tekijä elämänkumppanin valitsemisessa ja liiketoiminnassa huijaaminen tulee olemaan määräävä tekijä."

"Oikeudenmukaisuudella on kaikki mahdollisuudet tulla mitätöidyksi, johtuen ihmisten kykenemättömyydestä arvostaa heitä, jotka hallinnoivat sitä. Rikkauksien havittelu tulee olemaan jumalattomuuden ainut koetinkivi. Ja tekopyhyys tulee olemaan ainoa hyvyyden tunnusmerkki. Pitkiä hiuksia tullaan pitämään kauneuden ainoana merkkinä. Vatsan täyttäminen tulee olemaan ainoa inhimillinen tavoite. Taidokkuutta tullaan käyttämään oman perheen ylläpitämiseen. Hyveellisiä tekoja tullaan tekemään vain sen tähden, että saavutettaisiin mainetta. Ja tämän johdosta maanpalloa tulee hallitsemaan pahat ihmiset, jolloin hänestä joka, osoittautuu toisia voimakkaammaksi, tulee hallitsija."

"Kun ahneet ja armottomat hallitsijat, jotka käyttäytyvät kuin varkaat, ovat ryöstäneet kaiken omaisuuden, ihmiset vetäytyvät vuorille ja metsiin ja elävät lehdillä ja juurilla, hunajalla, hedelmillä ja kukilla. Nälänhädän ja

verotuksen kiusaamina he kuolevat kuivuuteen, kylmyy-
teen, myrskyihin, polttavaan kuumuuteen, koviin satei-
siin, lumisateeseen ja keskinäisiin ristiriitoihin. Kalin
aikakaudella ihmisiä kiusaavat nälkä ja jano, sairaudet
ja huolet ja heidän elinikänsä tulee olemaan korkeintaan
kaksikymmentä tai kolmekymmentä vuotta."

Tässä ei tietenkään puhuta tästä hetkestä. Tässä puhutaan tulevasta
ajasta, aina yugan loppuun asti, jolloin tilanne vain pahenee ja
pahenee. Lopulta ihmiset tulevat elämään vain kaksikymmentä
tai kolmekymmentä vuotta.

"Kun kalin pahat vaikutukset saavat ihmisten ruumiit
lyhenemään ja laihtumaan, Vedojen kuvaama oikeu-
denmukainen toiminta katoaa. Silloin uskonto korvau-
tuu paljolti harhaopilla ja hallitsijoista tulee varkaita,
ihmisten ryhtyessä sellaisiin toimiin, kuten varkauksiin,
elämän mielettömään tuhoamiseen ja muuhun sellai-
seen, lehmistä tulee yhtä pieniä kuin vuohista ja ne
antavat yhtä vähän maitoa. Jokavuotisten kasvien kasvu
heikkenee ja puista tulee pienempiä. Pilvet salamoivat
sen sijaan, että ne sataisivat vettä. Asumukset näyttävät
autiolta sen sijaan, että ne tarjoaisivat vieraanvaraisuutta
muukalaisille."

Tämä on hyvin mielenkiintoista. Oletko koskaan käyskennellyt
talossa, joka on näyttänyt niin autiolta, että et mielelläsi olisi
siellä vaikka siellä asuisikin ihmisiä? Syynä siihen on se, että siellä
on huonoja värähtelyitä, johtuen siellä asuvien ihmisten kurjasta
tilasta. He eivät tarjoa minkäänlaista vieraanvaraisuutta ihmisille,
jotka tulevat heidän taloonsa. He haluavat päästä heistä mahdolli-
simman pian eroon, jotta heidän ei tarvitsisi tarjota heille syötävää
tai mitään muutakaan. Tai ehkäpä ihmiset riitelevät usein talossa,
jonka takia värähtelyt ovat huonot. Vaikka emme tietäisi mistä

se johtuu, voimme silti tuntea sen vaikutuksen. Vastaavasti, jos menemme taloon, jossa ihmiset laulavat säännöllisesti bhajaneita ja harjoittavat meditaatiota ja pitävät satsangia (henkistä seuraa) iltaisin, tunnemme siellä vallitsevan rauhan.

"Kun kali-yuga, jonka aikana elämänkulku on rankkaa ihmisille, on lähellä päättymistään, silloin Herra ilmestyy turvaamaan hyveellisyyttä."

Sanotaan, että kali-yugan lopulla Vishnu-jumala omaksuu *avataaran* (jumalallisen inkarnaation) hahmon, aivan niin kuin Hän ilmestyi aiemmin Krishna- ja Rama-avataarana. Hän tulee nyt Kalkin hahmossa ja tekee kaikesta paljon parempaa. Tätä seuraa kultainen ajanjakso, mutta sen aika ei ole nyt. Siihen on vielä pitkä aika – noin 432 000 vuotta. Ja kaikista yugista, kaikista ajanjaksoista kali on lyhin. Jumalan aika on samanlaista kuin Luontoäidin aika. Saatamme istuttaa siemenen ja tulla tuntia myöhemmin katsomaan, joko se on alkanut itää, mutta Jumalan aika ei ole tällaista. Jumala istuttaa siemenen ja antaa sen itää luonnonlakien mukaisesti. Saattaa kestää pitkän aikaa ennen kuin siitä tulee puu, joka lahjoittaa hedelmiä. Niinpä yuga-järjestelmä on hyvin laaja meidän aikakäsityksestämme käsin tarkastellen.

"Jos bhajaneita lauletaan vailla keskittymistä, se on voimien tuhlaamista. Jos lauletaan keskittyneesti, se hyödyttää laulajaa, kuuntelijaa ja myös luontoa. Tällaiset laulut auttavat ajan myötä kuuntelijan mieltä heräämään."

Tämä on tärkeää, sillä bhajanit ovat olennainen osa sadhanaa Amman läheisyydessä ja hänen elämässään sekä hänen oppilaittensa elämässä. Meidän tulisi harjoittaa niitä keskittyneesti. Kun laulamme, meidän tulisi pyrkiä tietoisesti keskittämään mielemme yhteen kohteeseen.

Tuo kohde voi olla mikä hyvänsä. Se voi olla silmiemme välissä tai se voi olla jokin hahmo tai tunnelma tai valo tai mitä hyvänsä mihin haluamme keskittyä. Mutta yrittäkäämme keskittää mieli yhteen kohteeseen ja mieltää se Korkeimmaksi Totuudeksi. Jos joku laulaa bhajaneita tällä tavoin ja jos koemme vaikuttuvamme, kun joku toinen laulaa bhajaneita, silloin se on merkki siitä, että hän tekee sen suurella keskittyneisyydellä. Sillä ei ole mitään tekemistä hänen äänensä sävyn tai laadukkuuden kanssa. Jos ihminen kykenee herättämään toisia henkisesti laulunsa avulla, se johtuu siitä, että hänen mielensä on niin keskittynyt.

Akbar ja Tansen

Kuudennellatoista vuosisadalla eli suuri intialainen muusikko nimeltä Tansen. Hän oli hallitsija Akbarin hovimuusikko. Toisin kuin jotkut muut tuon ajan mogulikuninkaat Akbar ei ollut lainkaan fanaattinen. Hän oli avarakatseinen kuningas, joka suojeli eri taiteita ja uskontoja. Tansenin musiikki oli loistavaa. Koskaan ei ole elänyt muusikkoa, joka olisi ollut yhtä suuri kuin Tansen. Sen tähden häntä pidettiin Akbarin hovin yhtenä jalokivistä.

Eräänä päivänä Akbar ajatteli: 'Kun Tansen on niin loistelias, minkälainen mahtaa olla hänen gurunsa? Haluan todellakin kuulla hänen gurunsa laulavan."

Niinpä hän sanoi Tansenille: "Haluan kuulla gurusi laulavan."

Mitä Tansen saattoi sanoa? Ei hän voinut kieltäytyäkään. Olihan hän lopultakin vain työntekijä. Niinpä hän sanoi: "Hyvä on, Maharaj."

Niinpä he menivät Vrindavaniin tapaamaan hänen guruaan, Haridas Swamia, joka asui siellä. Vrindavan ei ole kovin kaukana Delhistä. Se on pyhä paikka Intiassa, siinä missä Jerusalem on pyhä paikka lännessä. Siellä Sri Krishna syntyi ja eli useita vuosia. Siellä on monia ashrameita. Voimme yhä matkustaa tuohon ashramiin ja vierailla hänen *samadhillaan*, haudallaan Sen ympäristössä vallitsee pyhä läsnäolon tunne ja syvä rauha.

Akbar oli pukeutunut kuin kuka tahansa tavallinen ihminen. He kävelivät swamin luo ja kumarsivat hänelle. Haridas katsahti Akbaria ja sanoi: "Oi, hallitsija on saapunut."

Hän oli heti ymmärtänyt jumalallisen näkökykynsä avulla kuka Akbar oli. Akbar viittoili Tansenille, että tämä pyytäisi guruaan laulamaan. Ei tietenkään ole sopivaa pyytää mahatmaa laulamaan. Tansen oli hyvin älykäs, mitä hän siis teki? Hän lauloi laulun, jonka Haridas oli opettanut hänelle, mutta teki samalla muutamia virheitä. Niinpä Haridas lauloi joitakin lauluja oikealla tavalla näyttääkseen hänelle, miten ne tuli laulaa. Kun Akbar kuuli tuon laulun, hän vaipui ekstaasiin.

Sen jälkeen he hyvästelivät Akbarin ja palasivat Delhiin. Akbar ajatteli kaiken aikaa sitä autuutta, jonka hän oli saanut kokea. Hän kutsui Tansenin luokseen seuraavana päivänä ja sanoi: "Tansen, en voi unohtaa sitä autuutta, minkä sain kokea eilen. Haluan, että laulat minulle tuon laulun."

Tansen lauloi saman laulun ja Akbar istui siinä ilmeenkään värähtämättä. Kun laulu oli päättynyt, hän sanoi: "En tunne mitään. Missä on vika? Laulu oli kuitenkin sama."

Tansen vastasi: "Maharaj, jos et suutu, kerron missä ongelma on."

"Hyvä on, kerro minulle mistä on kysymys."

"Guruni lauloi ilahduttaakseen Jumalaa. Minä laulan ilahduttaakseni sinua."

Laulaa ilahduttaakseen Jumalaa on kovin erilaista kuin se, että laulaa ilahduttaakseen yleisöä. Molemmat saattavat kuulostaa kauniilta, mutta niitä ei silti voi verrata toisiinsa. Ero niiden välillä on kuin yön ja päivän.

Kun laulamme bhajaneita, tämän tulisi olla päämäärämme. Meidän tulisi omata niin paljon keskittyneisyyttä, että sulaudumme Jumalaan ja jokainen ympärillämme tuntee tuon rakkauden ja sulautumisen sydämessään.

Ruoka ja henkiset harjoitukset – 1

"Luopumatta kielen makunautinnoista, ei ole mahdollista nauttia sydämen mausta."

Tämä on mystinen ilmaisu, olemmehan kaikki Amman ilmentymiä. Ruoka on erittäin tärkeää. Elämä on riippuvainen ravinnosta. Jos katsomme eläinkuntaa, havaitsemme, että suurin osa elämästä menee ravinnon etsimiseen ja loppuaika menee nukkumiseen, pariutumiseen ja lapsista huolehtimiseen. Suurin osa meistä ansaitsee elantonsa voidakseen syödä ja toisaalta voidaksemme asua ja nauttia kodistamme ja muista mukavuuksista. Rahan tärkein tehtävä on siinä, että saisimme ruokaa voidaksemme pysyä elossa. Monet ihmiset käyttävät tunteja ruoan valmistamiseen ja sen jälkeiseen siivoamiseen ja siihen että menevät ostamaan tarvikkeita ruoan valmistamista varten. Ruokaa pidetään Jumalan ilmentymänä. Ruoka on Brahmania, sanotaan *Upanishadeissa*. Mutta Amma sanoo, että vaikka ravintorikas ruoka onkin tärkeää, maku ei ole tärkein asia, se ei ole niin tärkeä kuin itse ravinto. Tämä ajatelma käsitteleekin makunautintoa, ei ruokaa.

Ihminen ei ole pelkkä aineellinen ruumis, joka säilyy elossa ravinnon avulla. Meillä on viisi eri kehoa, joita kutsutaan sanskritin kielellä *koshaksi*. Aivan niin kuin sipulilla on renkaita keskuksensa ympärillä, *atmania*, Itseä, todellista olemustamme tai sieluamme peittää viisi kerrostumaa eli koshaa.

Ulommaisin kerrostuma on karkea aineellinen kehomme, joka on rakentunut ravinnosta. Sitä kutsutaan *annamaya-koshaksi*, koshaksi, joka on rakentunut *annamista* eli ravinnosta. Sen sisäpuolella on *pranamaya-kosha*, taso tai peite, joka koostuu elinvoimasta eli *pranasta*. Sitten on *manomaya-kosha*, se osa meitä, joka ajattelee, tuntee ja havaitsee alati – toisin sanoen, mieli. Kun mieltä käytetään erottelukykyisesti, ymmärtämiseen, päättämiseen, päätösten tekemiseen, sitä kutsutaan *vijnamaya-koshaksi* eli älyksi. Kun koemme onnellisuutta, onni ei itse asiassa tule ulkoisista kohteista vaan *anandamaya-koshasta* eli autuuskehosta. Kun vaivumme syvään uneen, missä emme näe unia, sen lahjoittama autuaallinen tila johtuu yhteydestämme anandamaya-koshaan.

Mutta sisäisin olemuksemme, sisällämme oleva subjekti, kaikkien näiden tasojen ydinolemus on Itse, atman. Kun atman jättää ruumiin, aineellisen kehon taakseen, elämänvoima ja mieli seuraavat mukana voidaksemme asettua uuteen kehoon. Vaikka olemmekin aina tietoisia 'minä'-tunteesta, erehdymme valitettavasti pitämään viittä koshaa Itsenä johtuen läheisestä yhteydestämme niihin.

Amma sanoo, että aineellinen keho, joka on rakentunut ravinnosta, ei ole tärkein asia elämässä. Kaikkein tärkeintä elämässä on se, keitä me olemme – Minä, atman. Sen sijaan aistielämä vie huomiomme lähes kaiken aikaa.

Tämän seurauksena olemme melko lailla tietämättömiä siitä totuudesta, joka sisältyy oman Itsemme, atmanin kuolemattomaan autuuteen. Meidän mielemme on aina suuntautunut ulkoiseen maailmaan. Ilman tietynasteista vetäytymistä aistimaailmasta, emme voi kokea todellisen Itsen makua, koska olemme uppoutuneet täysin ulkopuolella oleviin asioihin.

Jotkut ihmiset saavuttavat henkisessä kehityksessään tason, jossa he kokevat maailman tyhjyyden ja sisällyksettömyyden. He eivät olet enää tyytyväisiä siihen mitä ulkopuolella on. Silloin he alkavat katsoa sisäpuolelle. Tässä vaiheessa he saattavat kokea jotakin ollessaan yhteydessä johonkuhun Amman kaltaiseen. Mitä he kokevat? Mistä he huumaantuvat? Kun ihmiset nousevat Amman sylistä, heidän kasvoillaan oleva autuaallinen ilme heijastelee sitä mitä he kokevat tuolla hetkellä. He ovat saaneet väläyksen jostakin.

Jos menisimme tuolloin heidän luokseen ja sanoisimme: "Hei, voitko kertoa paljonko kello on?"

He eivät välttämättä edes katsoisi meitä. He eivät halua katsoa ulospäin. Vaikka heidän koko elämänsä on kaiken aikaa ulkopuolella, tuolla hetkellä heidän mielensä suuntautuu syvälle sisimpään johtuen Amman läheisyydestä. Jos joku koskettaa meitä vaikkapa bhajanien aikana ja sanoo, että "mennäänkö juttelemaan tuonne ulos?", emme edes katsoisi häntä. Miksi? Koska mieli suuntautuu aineellisen kehon, elämänvoiman, ajattelun ja älyn tuolle puolen. Saamme kosketuksen Itseen, mielemme suuntautuu sisäistä todellisuutta kohden. Kun alamme kokea sitä, silloin koemme, että aistielämästä tulee häiriötekijä. Voimme saada sisäisen rauhan kokemuksen mahatman armosta. Tietty määrä aistien hallintaa ja meditaatiota voi myös antaa meille tuon kokemuksen.

Jos katsomme aina vain ulospäin, emme voi kokea sisällämme olevaa autuutta. Amma sanoo, että autuus on sydämessä, tällä hän ei tarkoiteta aineellista sydäntä, vaan olemuksemme ydintä, paikkaa missä atman asustaa. On olemassa sanonta: "Missä on Rama, siellä ei ole *kamaa* ja missä on *kama*, siellä ei ole Ramaa". Mitä tällä tarkoitetaan? *Kama* tarkoittaa halua tai voisi sanoa maallista nautintoa. Joten, missä on maallista nautintoa ja missä on halua, tuolla hetkellä emme voi puhua Jumalan läsnäolosta. Ne ovat heilurin kaksi vastakkaista ääripäätä. Kun puhumme tai koemme Jumalaa, tuolla hetkellä emme ole halun vallassa emmekä nauti jostakin maallisesta.

> "Ei ole mahdollista ehdottomasti sanoa, että jotakin tulisi syödä tai olla syömättä. Ilmastolla on myös vaikutuksensa siihen, miten ruokavalio toimii meissä. Sellainen ruoka, jota täällä tulee välttää, saattaa olla hyväksi Himalajalla."

Amman kaltaisten oivalluksen saavuttaneitten ihmisten ja menneisyyden *rishien* (tietäjien) mukaan maailma on kaksijakoinen: on olemassa aineellinen maailma ja hienosyisten värähtelyitten maailma. Tuhansia vuosia sitten menneisyyden tietäjät aistivat, että kaikki säteilee värähtelyitä ja myös vastaanottaa värähtelyitä. Ei ainoastaan inhimilliset olennot vaan myös kaikki muu olemassa oleva lähettää ja vastaanottaa värähtelyitä – paikat, ravinto, ajatukset, teot ja sanat. Koko maailmankaikkeus on laaja verkosto, laaja kasvupohja jatkuvasti muuttuville värähtelyille, jonka taustalla on värähtelemätön alkulähde, jota kutsutaan Jumalaksi tai Brahmaniksi.

Nämä värähtelyt jaetaan periaatteessa kolmeen eri laatuluokkaan, joita kutsutaan *gunaksi*. Moni meistä on saattanut lukea gunien filosofiasta niin kuin asia selitetään *Bhagavad-Gitassa*.

Gunat toiminnassa ja ihmisissä

"Toiminta, joka on määräysten mukainen, joka on vapaa takertumisesta, joka tehdään vapaana mieltymyksen tunteesta ja vihasta, joka tehdään vapaana seurauksiin kohdistuvasta toiveesta, sellainen toiminta on sattvista."

Bhagavad-Gita 18:23

Toisin sanoen, toiminta, joka tehdään vapaana lopputulokseen kohdistuvista odotuksista, tasapainoisena ja tyynenä, sellainen toiminta on *sattvista karmaa*, sattvista (puhdasta) toimintaa.

"Sen sijaan toiminta, joka tehdään nautintoa tavoitellen tai jonka tekee itsekäs ihminen, ja joka aiheuttaa ongelmia, on rajasista.

Toiminta, johon ryhdytään harhakuvitelmien tai erehdyksen vallassa, ottamatta huomioon seurausvaikutuksia, menetyksiä ja kyvyttömänä, sellaista pidetään tamasisena."

Bhagavad-Gita 18:24-25

Tämä tarkoittaa, että kun mielemme on yliaktiivinen ja täynnä haluja tai kun sitä peittää tietämättömyys ja kun emme ota huomioon kaikkia seurausvaikutuksia, sellaista toimintaa pidetään rajasisena tai tamasisena.
Seuraavaksi puhumme ihmisistä.

"Vapaana riippuvuudesta, antautumatta itsekkyyteen, varustautuneena päättäväisyydellä ja elinvoimalla, vapaana menetyksestä ja epäonnistumisesta, sellaista ihmistä pidetään sattvisena.
Intohimoista, toiminnan hedelmää toivovaa, ahnetta, julmaa, epäpuhdasta, ilon ja surun valtaan joutuvaa ihmistä pidetään rajasisena."

Bhagavad-Gita 18:26-27

Suurin osa maailman ihmisistä on rajasisia. Monikaan ei ole sattvinen – sattviset ihmiset ovat vapaita riippuvuuksista, he eivät ole itsekkäitä ja ovat tasapainoisia menestyessään ja epäonnistuessaan. Kuinka moni meistä on sellainen? Mutta sitä kohden meidän tulisi pyrkiä. Mitä lähemmäksi pääsemme sattvista luonteenlaatua, sitä lähemmäksi pääsemme todellista Itseämme, *atmania*.

"Sivistymätöntä, rahvaanomaista, ylimielistä, petollista, pahansuopaa, vetelää, laiskaa ja vitkastelevaa, kutsutaan tamasiseksi."

Bhagavad-Gita 18:28

Mieli on tärkeä

Kun Amma sanoo, että tiettyjä ruokia tulisi tai ei tulisi syödä, hän ei puhu siitä mikä on hyväksi tai huonoksi terveydellemme. On olemassa lukemattomia ihmisiä, jotka voivat kertoa meille siitä, kyse on kokonaisesta teollisuuden alasta. Mutta kaikki eivät sen sijaan tiedä, mikä on meille hyväksi tai pahaksi henkisessä mielessä, eli mitä meidän tulisi syödä edistääksemme henkistä hyvää, lisätäksemme sattvisuutta itsessämme ja mitä meidän tulisi välttää, jotta emme lisäisi rajasisuutta tai tamasisuutta itsessämme. Hyvin harvat ihmiset välittävät mielestä enemmän kuin ruumiista. Tiedämme, että keho on katoavainen, että se saattaa lakata olemasta milloin tahansa. Saatamme kävellä ovesta ulos ja se saattaa olla viimeinen kerta, kun ihmiset näkevät meidät. Ilma, joka virtaa meistä ulos, saattaa olla palaamatta takaisin sisällemme. Heti kun synnymme, meidät laitetaan jonoon. Meillä on jo paluulippu kädessä – tulemme jättämään tämän maailman – mutta emme tiedä lähtömme hetkeä.

Ruumiimme on täällä tänään, mutta huomenna se saattaa olla jo kadonnut. Niinpä mieli on kaikkein tärkein asia, tärkeämpi kuin ruumis, sillä mieli jatkuu jopa kuoleman jälkeen ja seuraavaan elämäämme. Minkälaisen kehon saammekaan, sama mieli tulee olemaan siinä. Ja mitä sattvisempi mielemme on, sitä lähempänä tulemme olemaan atmanin havaitsemista. Ja sen jälkeen tämä jatkuva, epäonninen syntyminen ja kuoleminen, uudelleen ja uudelleen, tulee päättymään. On kuin heräisimme pitkästä, pahasta unesta. Se autuus, jota etsimme alati ulkoisesta maailmasta – sen me löydämme tuossa tilassa, löydämme sen omasta Itsestämme. Olemme lopultakin kotona. Niinpä kaikkein tärkeintä on, että puhdistamme oman mielemme, teemme mielestämme sattvisen.

Eläessämme tässä värähtelyitten maailmassa, meidän tulisi syödä vain sattvista ruokaa.

Mitä on sattvinen ruoka? *Bhagavad-Gita* sanoo:

"Ravintoa, joka on kullekin rakkainta, on laadultaan kolmenlaista. Ravinto, joka lahjoittaa elämää, elinvoimaa, terveyttä, iloa ja hyvää mieltä, mikä on suolaista ja öljyistä, ruokaisaa ja hyväksyttävää, on rakasta sattvisille ihmisille. Ruoka, joka on kitkerää, hapanta, suolaista, liian tulista, pistävää, kuivaa tai polttavaa, on rakasta rajasisille ihmisille; se aiheuttaa kärsimystä, surua ja sairauksia. Ruoka, joka on pilaantunutta, mautonta, mädäntynyttä ja epäpuhdasta, on mieleen tamasisille ihmisille."

Bhagavad-Gita 17:7-10

Älkää naurako! On suuressa määrin mahdollista kertoa, mikä guna hallitsee ihmistä sen pohjalta, mitä hän mielellään syö.

Toisinaan jonkun asian guna saattaa muuttua ilmaston mukaan. Ottakaamme esimerkiksi tee. Tee kuumassa ilmanalassa, kuten Etelä-Intiassa on rajasista, se stimuloi voimallisesti. Mutta jos elämme Tiibetissä, missä on kovin kylmä, meidän on hyvä juoda teetä, jos haluamme selviytyä. Heillä ei myöskään ole siellä paljoakaan vihanneksia, niinpä pääasiallisin ruokalaji koostuu siellä ohrasta maitotuotteiden ja lihan lisäksi. Lihaa pidetään yleensä tamasisena, mutta Tiibetissä se antaa ihmisille elämän.

Pitäen tämän mielessä, Amma sanoo, että ei voi tarkasti ottaen sanoa, että jokin ruoka on hyvää tai pahaa, tilanne muuttuu ilmaston myötä. Mikä on hyvää, sitä saatetaan joutua välttämään täällä ja päinvastoin. Mutta pääsääntöisesti nämä laatuluokat pätevät. Meidän tulee oppia mikä on sattvista, mikä rajasista ja mikä tamasista ja pyrkiä pitäytymään siinä mikä on sattvista. Näin on tietenkin silloin, jos olemme vakavissamme henkisen kehityksemme suhteen.

Tosissaan olevat sadhakat ottavat vakavissaan Amman sanoman. Kenelle henkisyys on harrastus tai osa-aikainen kiinnostuksen kohde, heille asian vakavuus ei kenties ole täysin selvä. Mutta mikä on ratkaisu heille, jotka ajattelevat: Saatan kuolla minä päivänä tahansa enkä ole vielä kokenut Itseä. En ole vielä toden teolla saavuttanut onnea. Minä vanhenen, sairastun, kuolen, kaikki tämä tulee tapahtumaan myös minulle, ei vain toisille. Eikö ole olemassa tietä ulos? Heille Amman sanat ovat majakka syntymän ja kuoleman valtameren pimeydessä.

Kaikki tuntevat Buddhan tarinan. Ensi alkuun hän ajatteli, että hänen elämänsä sujuu hienosti, että se tulisi olemaan yhtä juhlaa loppuun asti, ja että hän tulisi olemaan aina nuori ja terve. Entä mitä sitten tapahtui? Kun hän lähti palatsin alueelta, hän näki vanhoja ihmisiä, sairaita ja niitä, jotka olivat kuolemaisillaan sekä kuolleita. Hän näki myös pyhän miehen. Kun hän kysyi palvelijaltaan: "Tapahtuuko näin vain heille vai tuleeko näin tapahtumaan myös minulle?"

Silloin Channa, hänen palvelijansa sanoi: "Jokainen sairastuu, jokainen vanhenee ja jokainen kuolee – jopa sinä, jopa vaimosi Yasodhara, jopa kuningas – kaikki."

Silloin hän sanoi: "Tunnen itseni sairaaksi, vie minut takaisin palatsiin."

Hän alkoi ajatella: 'Millä tavoin tästä kaikesta voisi paeta? En halua käydä läpi kaikkea tuota, se on kauheaa. Sitten hän ajatteli sadhua, joka oli istunut puun alla. Hän oli meditoinut, yrittänyt välttää sitä mikä oli väistämätöntä. Niinpä hän päätti: 'Tässä on minulle tarkoitettu tie ja niin hän lähti.'

En ole sanomassa, että meidän kaikkien tulisi jättää kaikki ja mennä puun alle istumaan ja meditoida niin pitkään, kunnes saavutamme valaistumisen. Siitä ei ole kysymys. Vakavuus tarkoittaa, että tarkastelemme elämän kulkua – ei vain sen miellyttäviä puolia, vaan myös tuskallisia puolia – ja että emme eksy mayaan (harhaan), jotta näkisimme tilanteemme vakavuuden ja henkisen elämän tärkeyden. Jos emme omaa tätä, ajatelkaamme ainakin sitä mitä saimme Amman läheisyydessä tai satsangista. Entäpä se autuus, ilo, rauha, ainutlaatuinen tunnelma, minkä saimme kokea, kun hän oli täällä, kun henkisestä elämästä tuli todellisuutta eikä vain harrastus?

Nämä ajatukset on tarkoitettu vakaville etsijöille.

Nälän hallitseminen

"Kun istuu syödäkseen, tulisi ensin rukoilla Jumalaa. Tämän takia toistamme mantraa ennen kuin syömme. On oikea hetki koetella kärsivällisyyttämme, silloin kun ruoka on edessämme."

Tämä on henkinen harjoitus. Toisin sanoen istua hiljaa, vaikka sylky tulee suuhun ja ajatella Jumalaa. Se on hieno *tapas*, itse-kuriharjoitus. Se on vaikeaa, kun edessämme on jotakin, josta haluamme nauttia ja ajattelemme: 'Ei, odota minuutti, ajattelen Jumalaa tai meditoin ensin.' Tämä on oikea hetki tehdä niin. Luonteemme tulee koeteltua nälän hetkellä. Voimme nähdä minkälaisia ihmiset ovat, kun he ovat nälkäisiä. Sanotaan, että jopa jotkut pyhimysmäiset oppilaat saattavat heittää kaiken pois vatsansa tähden. Nälän tunne on sen verran voimallinen tarve.

Moni meistä on saattanut lukea Kuchelan tarinan, joka oli Krishnan oppilas. Kun hän ja Krishna olivat nuoria miehiä, heidät lähetettiin metsään keräämään polttopuuta gurulleen ja gurun vaimo oli antanut heille paketin syötävää, jotta heillä olisi hieman välipalaa ulkona ollessaan. Mutta valitettavasti alkoi sata-maan rankasti. He jäivät sinne eivätkä päässeet takaisin, niinpä he hakivat turvaa puista. Krishna oli yhdessä puussa ja Kuchela toi-sessa. Kuchela alkoi tuntea itsensä tosi nälkäiseksi. Hän tiesi, että Krishna oli Bhagavan, hän tiesi että Krishna oli Vishnu-jumala. Siitä huolimatta hän ryhtyi syömään kysymättä halusiko Krishna ruokaa. Ruoka väheni ja väheni, ja vaikka hän olikin jo syönyt yli puolet – enemmän kuin oman osuutensa – hän jatkoi ja söi koko annoksen. Sen jälkeen hän eli monia vuosia köyhyydessä. Lopulta Krishna tuli tapaamaan häntä, kun hän oli jo vanha mies siunatakseen hänet omaisuudella, jota hän halusi. Tämä tarina osoittaa meille, että vaikka hän oli Jumalan seurassa, silti hänen vatsansa sai hänestä yliotteen.

Minä sain kokea jotakin samankaltaista. Tapaus nolottaa minua, mutta koen että se voisi hyödyttää toisia, sen tähden kirjoitan siitä. Palvelin vanhempaa sadhua, jolla oli ongelmia vatsahappojensa kanssa, niinpä hän ei kyennyt syömään jogurttia, paitsi jos se ei ollut lainkaan hapanta. Minä en ollut sairas, mutta pidin jogurtista ennen kuin se happamoitui.

Tämä sadhu oli mennyt temppeliin ja sanonut, että hän palaisi lounaalle, niinpä järjestin hänelle ruoan. Kun avasin kaapin, havaitsin että siellä oli kaksi pientä ruukkua, joissa oli jogurttia. Toinen niistä oli hapan ja toinen makea. No, ei hän tiennyt, että siellä oli nuo kaksi astiaa. Niinpä ahmin makean jogurtin ennen hänen paluutaan. Vaikka kunnioitinkin häntä kaikin tavoin – palvelinhan häntä – makunautinto sai minusta yliotteen. Vatsani ja kieleni voittivat minut. Mutta mitä tapahtuikaan aina tässä elämänvaiheessani tehdessäni virheen, sain iskun vasten kasvojani heti seuraavassa hetkessä.

Hän palasi pian syömään lounastaan ja kun hän maistoi jogurttia, hän sanoi: "Hei, tämä on kovin hapanta! Eikös täällä ollut lainkaan makeata jogurttia?"

Niinpä jouduin tunnustamaan mitä olin tehnyt. Hän sanoi: "Sepä todella mukavaa, olet suurenmoinen sadhaka, suuri oppilas."

Hän ei tietenkään ollut Bhagavan Sri Krishna, joten en joutunut kärsimään liiallisesti tämän takia, mutta sain elämän pituisen oppitunnin siitä, että niin ei tullut tehdä, että tuli olla tarkkaavainen sen suhteen, että makuaisti ei tee meistä orjia niin, että lopulta hylkäämme erottelukykymme.

Mahabharatassa on tarina kultaisesta mungosta ja siitä miten suuri Pandavien kuningas, Yudhisthira suoritti mahtipontisen vedisen jumalanpalveluksen, jonka aikana hän lahjoitti miljoonia rupioita. Hän antoi useita lahjoja tuhansille ihmisille Hastinapurissa (nykyisessä Delhissä) pitämänsä puheen jälkeen.

Jumalanpalveluksen lopulla paikelle tuli mungo. Se kieriskeli tomussa siinä paikassa, missä seremonia oli pidetty. Kaikki näkivät tämän ja ihmettelivät: 'Mikä ihmeellinen olento tuo onkaan!' Kun se nousi ylös, he havaitsivat, että toista puolta sen kehosta peitti kaunis kultainen väri ja toista puolta tavallinen ruskea väri. Niinpä yksi heistä kysyi mungolta: "Olet oudon näköinen mungo. Miten olet saanut toiseen puoleen kehostasi kultaisen värin?"

Silloin mungo kertoi tarinan: "Joitakin vuosia sitten, kierrettyäni ympäri maata etsimässä syötävää, vallitsi kauhistuttava nälänhätä. Tulin köyhän perheen luo, joka oli kuolla nälkään. He löysivät jostakin hieman vehnää ja valmistettuaan siitä jauhoa, he leipoivat muutamia chapatteja. He olivat juuri ryhtymässä syömään niitä. Kuvittelepa, minkälainen oli heidän nälkänsä, he eivät olleet syöneet kahteen tai kolmeen viikkoon, he vapisivat ja olivat romahtamaisillaan. Heidän vatsassaan on täytynyt olla roihuava tuli. Ja nyt he olivat saamaisillaan kolme tai neljä palaa leipää.

Juuri sillä hetkellä kolme vierasta saapui, yksi toisensa jälkeen. He antoivat kullekin vieraalle yhden palan leipää. Lopulta ei ollut enää mitään mitä antaa. Juuri sillä hetkellä, kun he olivat valmiit uhraamaan kaikkensa, Jumala vapautti heidän *samsarasta* ja vei heidän sielunsa maailmaansa.

Silloin menin syömään niitä murusia, jotka olivat pudonneet vieraiden suusta. Syötyäni makasin siinä hetkisen ja kun nousin ylös, puolet kehostani oli muuttunut kultaiseksi. Olin niin ihastunut kultaiseen väriin, että halusin toisenkin puolen kehostani saman väriseksi. Niinpä menin suurin pyhiinvaelluspaikkoihin, missä ihmiset suorittivat *pujia* (jumalanpalveluksia), hyväntekeväisyyttä, epäitsekästä palvelua ja muita ansiokkaita tekoja. Tapasin kieriskellä maassa ja katsoa sitten, olisiko toisesta puolesta kehoani tullut kultainen.

Katsoen kuningasta hän sanoi: "Tämä suuri seremonia, jossa annoit miljoonia rupioita ja paljon lahjoja, ei ollut mitään verrattuna siihen, kun nämä ihmiset antoivat vain kolme palasta leipää." Tämä osoittaa sen suuruuden, mikä liittyy kykyyn hallita näläntunnetta. Vain suuri ihminen kykenee tekemään niin.

"Askeetikon ei tarvitse vaeltaa ympäriinsä etsimässä ruokaa. Hämähäkki kutoo verkon ja pysyttelee sen luona. Se ei lähde minnekään etsimään ruokaa. Sen saalis jää verkon vangiksi. Samalla tavoin, askeetikon ruoka tulee hänen luokseen Jumalan toimesta, mutta hänen täytyy olla antautunut kokonaan Jumalalle."

Puhumme nyt todellisesta sanjaasista, ei suurimmasta osasta meitä. Sellainen ihminen, joka on jättänyt maallisen elämän kokonaan ja joka elää Jumal-oivallusta varten, hänen ei tulisi ajatella ruokaa lainkaan tai sitä mistä se tulee. Heidän ei tarvitse ponnistella lainkaan. Jos he pyrkivät kaiken aikaa oivaltamaan Jumalan, ruoka tulee heidän luokseen. Toinen mahatma ilmaisi tämän saman asian kaksi tuhatta vuotta sitten sanoen:

"Sen tähden minä sanon teille: älkää huolehtiko hengestänne, siitä mitä söisitte tai joisitte, älkää ruumiistanne, siitä millä sen vaatettaisitte. Eikö henki ole enemmän kuin ruoka ja ruumis enemmän kuin vaatteet? Katsokaa taivaan lintuja: eivät ne kylvä, eivät ne leikkaa eivätkä kokoa varastoon, ja silti teidän taivaallinen Isänne ruokkii ne. Ja olettehan te paljon enemmän arvoisia kuin linnut! 7Kuka teistä voi murehtimalla lisätä elämänsä pituutta kyynäränkään vertaa? Mitä te vaatetuksesta huolehditte! Katsokaa kedon kukkia, kuinka ne nousevat maasta: eivät ne näe vaivaa eivätkä kehrää. Minä sanon teille: edes Salomo kaikessa loistossaan ei ollut niin vaatetettu kuin mikä tahansa niistä. Kun

Jumala näin pukee kedon ruohon, joka tänään kasvaa ja huomenna joutuu uuniin, niin tottahan hän teistä huolehtii, te vähäuskoiset! Älkää siis murehtiko: 'Mitä me nyt syömme?' tai 'Mitä me juomme?' tai 'Mistä me saamme vaatteet?' Tätä kaikkea pakanat tavoittelevat. Teidän taivaallinen Isänne tietää kyllä, että te tarvitsette kaikkea tätä. Etsikää ennen kaikkea Jumalan valtakuntaa ja hänen vanhurskasta tahtoaan, niin teille annetaan kaikki tämäkin."

Jeesus Kristus, Uusi Testamentti, Matteus 6:25-34

Jumala huolehtii palvojistaan

Amma kertoo tarinaa miehestä, joka oli kuullut tämän opetuksen satsangin aikana ja joka päätti kokeilla nähdäkseen ruokkisiko Jumala hänet todella, jos hän ei näkisi lainkaan vaivaa asian eteen. Hän ajatteli: 'Jumalan ei pidä ainoastaan tuoda minulle ruokaa vaan Hänen tulee laittaa se myös suuhuni, vasta sitten uskon.' Niinpä hän meni metsään ja istuutui puun alle toistamaan mantraansa.

Jonkin ajan kuluttua hän kuuli rosvojoukkion lähestyvän. Hän ajatteli: 'He saattavat tappaa minut!', niinpä hän kiipesi puuhun. Kun rosvot tulivat, he laittoivat laukkunsa maahan, missä oli heidän varastamansa tavarat ja sitten he ottivat lounaansa esille. Yksi heistä sanoi: "Menkäämme läheiseen jokeen uimaan ja nauttikaamme sen jälkeen lounaasta."

Niinpä he lähtivät ja palasivat kylvettyään. Juuri sillä hetkellä mies puussa aivasti. Hän ei voinut sille mitään. Varkaat katsoivat ylös ja näkivät hänet. He sanoivat: "Hei, sinä siellä. Tules alas sieltä!"

Silloin heidän johtajansa ajatteli: 'Hän näki kaiken mitä olemme varastaneet. Hänen on täytynyt tulla alas, kun menimme joelle ja silloin hän on varmastikin myrkyttänyt ruokamme ollakseen varma siitä, että me kuolemme, jotta hän voi ottaa kaiken itselleen.' Niinpä hän päätti pakottaa hänet syömään heidän ruokaansa. He työnsivät sitä hänen suuhunsa niin kauan kunnes hän ei voinut enää syödä enempää. Tuolla hetkellä mies oivalsi, että se mitä hän oli kuullut satsangin aikana Jumalasta, oli totta. Sitten tietenkin poliisi saapui metsään ja vei rosvot mennessään, ja tämä mies eli onnellisena siitä eteenpäin, paljon viisaampana tosin.

Ole hyvä esimerkki

"Kehityksensä alkuvaiheessa sadhakan tulisi pyrkiä hallitsemaan syömistään. Hallitsematon ruokavalio saa aikaan huonoja ominaisuuksia. Kun siemenet on kylvetty, tulee pitää huoli siitä, että varikset eivät syö niitä. Kun siemen on kasvanut puuksi, mikä tahansa lintu voi istua siinä tai rakentaa pesänsä siihen. Tässä vaiheessa meidän tulee hallita ruokavaliotamme ja tehdä sadhanaa (henkisiä harjoituksia). Myöhemmässä vaiheessa kitkerää ja mausteista ruokaa on mahdollista syödä eikä sillä ole vaikutusta sinuun. Lapset, vaikka Amma sanoi, että myöhemmässä vaiheessa sellaista ravintoa voi syödä, älkää syökö edes silloin sellaista ruokaa. Teidän tulisi olla esimerkkejä maailmalle. Siten toiset oppivat tarkkaillessaan teitä. Älkää syökö mausteista tai paistettua ruokaa hänen edessään, joka sairastaa keltatautia. Vaikka meillä ei olekaan tuota tautia, meidän tulee hallita itsemme tehdäksemme toisista hyviä."

Potilas tuli tapaamaan lääkäriä, joka tutki hänet ja sanoi: "Teillä on sokeritauti".

Hän ei kuitenkaan antanut miehelle lääkemääräystä. Hän sanoi miehelle: "Tulkaa huomenna uudelleen."

Mies sanoi: "Hyvä herra, minulla on pitkä matka tulla tapaamaan teitä. Olkaa hyvä ja antakaa minulle nyt lääkemääräys, jotta voin palata kotiin tänään."

"Valitan, mutta en voi antaa teille lääkemääräystä tänään, joten olkaa hyvä ja tulkaa takaisin huomenna."

Mies lähti. Sairaanhoitaja sanoi: "Lääkäri, miten julma oletkaan. Miksi et antanut hänelle lääkemääräystä ja ravinto-ohjeita?"

"Etkö näe tätä karamelliastiaa pöydälläni? Jos olisin sanonut hänelle: 'Älä syö sokeria, älä syö makeisia', hän olisi ajatellut: 'Hän kehottaa minua olemaan syömättä makeisia ja sokeria, mutta hän itse syö sokeria ja makeisia'. Silloin hän ei ehkä olisi noudattanut ohjeitani."

Amma sanoo, että olemme saattaneet saavuttaa tason, jossa *jnanan* tuli tai viisaus loistaa sydämessämme ja elämme Jumalan läsnäolossa. Siinä tapauksessa mikään mitä me syömme ei vaikuta mieleemme. Mutta tavalliset ihmiset eivät ole tällaisia. Se mitä he syövät vaikuttaa heidän mieleensä. He saattavat pitää meitä roolimallinaan, joten heidän tähtensä meidän tulisi olla hyviä esimerkkejä jopa sen suhteen mitä me syömme. *Bhagavad-Gitassa* sanotaan:

"Mitä suuri ihminen tekee, sitä toisetkin tekevät. Minkä hän asettaa esimerkiksi,
sitä maailma seuraa. Minulla ei ole mitään saavutettavaa kolmessa maailmassa,
eikä ole mitään mitä en olisi saavuttanut, silti Minä toimin. Sillä jos en toimisi
alati, ihmiset eivät seuraisi Minun polkuani. Jos Minä en toimi, nämä maailmat
tuhoutuvat. Olisin silloin hämmennyksen ja kaikkien näiden olentojen tuhon
syy. Siinä missä tietämätön toimii takertuen toimintaan, viisaan tulee

toimia takertumatta toiveisiin, suojellakseen ihmisiä. Älköön viisas aiheuttako hämmennystä tietämättömien mieleen, jotka ovat takertuneet toimintaan. Hänen tulisi kannustaa heitä toimimaan, toteuttaen itse tätä antaumuksella."

Bhagavad-Gita III:21-26

Viisas ihminen, Jumal-oivalluksen saavuttanut sielu, saattaa olla kaikkien yhteiskunnan ja pyhien kirjoitusten sääntöjen ja määräysten tuolla puolen. Silti, asettaakseen maailmalle esimerkin, hän elää ihanteellista elämää.

Amma ei tarvitse sääntöjä eikä määräyksiä. Ennen kuin kukaan meistä oli saapunut, hän eli ulkona auringonpaisteessa ja sateessa. Ei hän välittänyt mistään. Mutta kun maailma alkoi tulla hänen luokseen, hän sopeutui ulkoisessa elämässään yhteiskunnan sääntöihin. Minkä tähden? Vain asettaakseen esimerkin, voidakseen ohjata ihmisiä, jotka Jumala oli tuonut hänen luokseen. Hän on itsensä uhraamisen ja myötätunnon esikuva.

Ruoka henkisenä harjoituksena – 2

Vaikka Amma puhuukin erityisesti ravinnosta, jota laitamme suuhun, niin henkisessä mielessä kaikki se, mikä kulkee aistiemme lävitse, on ravintoa. Se mitä kuulemme, näemme, haistamme ja maistamme, mitä kosketamme, koostuu kolmesta gunasta eli luonnon voimista.

Suurin osa meistä on suuntautunut tyystin ulospäin. Samaistumme kaikkein ulommaisimpaan olemassaolomme kerrostumaan, ruumiiseen, vaikka saatammekin olla tietoisia neljästä muuta kerrostumasta. Ei ole olemassa ketään, joka olisi tietämätön Itsestä. Kyse on vain siitä, että sekoitamme sen muihin kerrostumiin. Emme kykene erottamaan 'minää' sen ulkoisista ilmentymistä ja siitähän henkisessä elämässä on kysymys – että yritämme erottaa ulkoisen kaikkein sisimmästä, ydinolemuksesta, atmanista tai sielusta. Emme ole ruumis, jolla on sielu vaan sielu, jolla on ruumis.

Amma sanoo:

"Joku saattaa sanoa, että teen juomisen tai tupakanpolton lopettaminen on helppoa, silti hän ei kykene toimimaan niin. Kuinka hän kykenisi näin ollen hallitsemaan oman mielensä, jos hän ei kykene edes hallitsemaan tällaisia yksinkertaisia asioita? Ensin tulee vähentää tällaisia yksinkertaisia asioita. Jos ei kykene ylittämään pientä jokea, kuinka voisi ylittää valtameren?"

Amma sanoo selkeästi, että teen juominen. Puhuttaessa teestä meidän tulisi sisällyttää siihen kaikenlaiset piristeet, kaikki muu paitsi kehoamme ravitsevat aineet, sellaiset jotka piristävät hermostoamme. Myöskään upakointi ei ole hyväksi meille, jos olemme vakavia henkisen elämän suhteen. Miksi? Koska meissä on jo aivan tarpeeksi levottomuutta ja mielen vaeltelua, ja henkinen elämä tarkoittaa sitä, että pyrimme keskittämään mielemme, yritämme saavuttaa mielenrauhaa.

Mielenrauha ei tule mukavuudesta tai vauraudesta tai miellyttävistä olosuhteista. Sellaisessa on kysymys vain hetkellisestä mielenrauhasta, joka on riippuvainen ulkoisista olosuhteista. Mielenrauha tarkoittaa ajatusten poissaoloa ja se on mahdollista saavuttaa vain kouluttamalla mieltä henkisten harjoitusten avulla. Sanokaamme, että haluamme voimistaa lihaksiamme. Lihas ei rakennu itsestään. Meidän tulee harjoitella. Meidän tulee nostella raskaita painoja, lisäten niitä askel kerrallaan. Samalla tavoin, mielenrauha ei ole kenenkään synnyinoikeus, se on kovan ponnistelun hedelmä. Siitä meditaatiossa on kysymys, siitä bhajaneissa on kysymys, siitä satsangissa on kysymys. Ne edellyttävät tietoista ponnistelua. Jos olemme tulleet siihen tulokseen, että mielenrauha on ponnistuksen arvoista, että se on elämän todellinen tarkoitus, silloin meidän tulee tutkia mitä ovat ne kaikki apuvälineet ja keinot, joiden avulla se voidaan saavuttaa.

Sellaiselle ihmiselle, joka on vakavissaan tämän asian suhteen, Amma antaa nämä ohjeet. Ei hänelle, jolle tämä on vain harrastus tai osa-aikainen toimi – vaan hänelle, joka on päättänyt, että tässä on elämän tarkoitus ja että mitä hyvänsä muuta sitten teenkään, tulen saavuttamaan sen, tulen yrittämään parhaani, jotta mieleni lopettaisi vaeltelun, että siitä tulisi täysin hiljainen ja tyyni. Sellaiselle ihmiselle

Tee, kahvi, mikä hyvänsä mikä stimuloi hermostoa ei ole hyväksi, koska se lisää mielen levottomuutta. Saatamme ajatella: 'No, mitä sillä on väliä? Kun istun meditoimaan, en juo teetä tai kahvia.' Mutta meditoiminen, istuminen meditaatiossa on vain henkisen elämän alku. Kyse on aloittelijan harjoituksesta. Meidän tulee harjoittaa sitä muutamia kertoja päivässä tehdäksemme siitä itsellemme tavan. Meidän tulee pyrkiä jatkuvasti estämään mieltä vaeltamasta. Tätä on todellinen henkinen elämä. Tätä on meditaatio. Teen tai kahvin juominen kiihottaa mieltämme myös muina aikoina tehden sen hallitsemisen vaikeammaksi. Polttaminen tukkii hermostoamme. Jokainen tietää tietenkin, että se pahaksi terveydellemme. Mutta Amma ei keskity siihen tässä yhteydessä. Hän sanoo tiettyjä asioita siitä mikä on hyvä tai paha terveytemme kannalta, mutta hänen päähuomionsa on mielessä ja hengessä, ei niinkään kehossamme. Kehomme on täällä tänään ja huomenna sitä ei enää ole, mutta mieli on ikuinen, se on olemassa paljon pidempään, kunnes oivallamme todellisen olemuksemme, atmanin. Amma sanoo, että polttaminen tukkii hermostoamme ja tekee mielestä tamasisen, tylsän. Silloin on vaikeata keskittyä, ymmärtää, ponnistella. Tupakointi on tamasinen tottumus.

Jotkut ihmiset, jotka elävät henkistä elämää, sanovat: "Voin luopua teestä tai kahvista", mutta he eivät kuitenkaan kykene siihen. He kokevat, että mitä sillä on lopulta väliä. Jos sillä ei ole väliä, miksi emme nauttisi siitä? Amma sanoo: "Jos on vaikeata toteuttaa tätä, entäpä sitten todellista ponnistelua?" Tämä tarkoittaa, että ruumiillisesta tottumuksesta luopuminen ei ole todellinen työ, se on vain valmisteleva toimenpide. Kova työ on siinä, että luovumme sisäisistä tottumuksista.

Luonnossa on olemassa periaate, jonka mukaan hienosyinen on voimakkaampi kuin karkea, sillä karkea perustuu hienosyiseen. Se on paljon voimakkaampi. Samalla tavoin meidän mielemme on paljon voimakkaampi kuin keholliset tottumuksemme. Ne syntyvät itse asiassa meidän mielemme takia. Ruumis on itsessään eloton. Se on mielen käyttöväline. Sillä ei itsessään ole omaa tahtoa.

Sisäisten vihollistemme laaja valtameri on paljon vaikeampi ylittää kuin muutama sellainen pieni joki kuin polttaminen ja juominen. Ja mitä ovatkaan nämä sisäiset viholliset? Niitä on kuusi merkittävintä. Ne ovat tosiasiassa meidän kaikkien vihollisia. Vaikka puhummekin henkisestä elämästä, se ei tarkoita, että lähdemme pois ja hylkäämme kaiken ja ryhdymme munkiksi. Henkinen elämä on ihmisen elämää. Se on tarpeen jokaiselle menestyäksemme ja voidaksemme olla onnellisia. Henkisyys on välttämättömyys. Se ei ole edes valinta. Lopulta kaikki olennot tulevat sen piiriin.

Mitä ovat nämä kuusi vihollista? *Kama*, halu, *krodha*, viha, *lobha*, ahneus, *moha*, riippuvuus, *mada*, ylpeys ja *matsarya*, kateus. Nämä ovat ne kuusi vihollista, jotka saavat meidät aina palaamaan ja jotka aiheuttavat meille niin paljon ongelmia. Nämä ovat ne tekijät, jotka saavat meidät aina häiriintymään. Ne aiheuttavat jatkuvasti ongelmia elämässämme. Niinpä meidän pitää olla niistä jatkuvasti tietoisia.

Mieli on luonteeltaan monimutkainen. Bhagavan Sri Krishnan kaltaiset mahatmat ovat analysoineet mielen perinpohjaisesti havaiten, että nämä (kielteiset ominaisuudet) ovat suuria ongelman aiheuttajia. Nämä ovat huijareita, voisi sanoa – mielen mafiaa. Jos voimme ottaa ne kiinni, jos voimme laittaa ne vankilaan, silloin kaikki tulee olemaan hyvin.

On hyödyllistä toistaa mitä ne ovat, mutta tällä kertaa jätämme sanskritin kielen pois: halu, viha, ahneus, riippuvuus, ylpeys ja kateus. Jokainen niistä on kuin valtameri. Saatamme ajatella, että voimme vapautua yhdestä niistä, mutta se nousee esille yhä uudestaan ja uudestaan. Saatamme ajatella, että 'en enää koskaan suutu' ja sitten joku sanoo jotakin, josta emme pidä ja niin me suutumme. Saatamme ajatella, että olemme kaiken halun ja viettelyksen tuolla puolen, ja sitten lankeammekin kiusaukseen. Saatamme ajatella, että olemme takertumattomia, mutta sitten joku jättää meidät tai kohtelee meitä huonosti ja koemme olomme kurjaksi. Elämämme on riippuvainen jostakin ihmissuhteesta tai ihmisestä. Saatamme ajatella, että emme ole ahneita, mutta sitten näemme jotakin ja toivomme, että se olisi meidän ja ajattelemme: 'Oi, onpa tuo hieno', sen sijaan, että olisimme tyytyväisiä siihen mitä meillä on.

Vishvamitra Maharishin tapas

Vishvamitra oli kuningas. Eräänä päivänä hän meni armeijansa kanssa Vasishta Maharishin ashramiin. Maharishi oli Brahmarishi, brahmiinipyhimys, joka oli saavuttanut Jumal-oivalluksen. Vishvamitra oli *kshatirya*, sotilaskastin edustaja.

Vasishta tarjosi Vishvamitralle ja hänen armeijalleen maukkaan aterian. Vishvamitra ajatteli: 'Mistä hän saa kaiken tämän herkullisen ravinnon ja kaikki nämä ruoka-aineet tähän pieneen ashramiin, keskelle metsää?'

Hän kysyi Vasishtalta: "Mistä kaikki tämä ruoka on oikein tullut? En näe täällä edes keittäjää. Mehän tulimme vasta puoli tuntia sitten ja sinä tarjosit meille kymmenen ruokalajin aterian. Sinun vaimosi on yhdeksänkymmentävuotias, joten ei hän ole voinut valmistaa tätä kaikkea."

Vasishta vastasi: "Minulla on ihmeellinen lehmä, jonka antaa kaiken mitä pyydämme. Ei vain maitoa vaan kaikki tarvittava tulee valmistettuna. Hän on kuin pikaruokaa suoltava kone. Hän on kuin legendaarinen kaikki toiveet täyttävä puu."

Vishvamitra halusi nähdä tuon lehmän. Nähtyään sen hän sanoi: "Kuulehan, sinun kaltaisesi sadhu, köyhä metsän tietäjä, ei tarvitse tuollaista lehmää. Tämä on hieno asia minulle. Minä olen kuningas. Minun täytyy syöttää tuhansia ihmisiä palatsissani joka päivä ja me tarvitsemme niin monia erilaisia ruokalajeja ja muitakin asioita. Tuo on liikaa sinulle. Sinä voit saada kaiken, mutta sinä et tarvitse kaikkea. Niinpä minä haluan tämän lehmän."

"Ei, en voi antaa sinulle tätä lehmää, sillä tarvitsen sitä pujaani varten", Vasishta sanoi. "Hän antaa minulle joka päivä maitoa ja minä käytän maitoa, jogurttia ja ghiitä päivittäisissä jumalanpalveluksissani."

Silloin Vishvamitra suuttui ja huusi: "En välitä siitä, otan lehmän!"

Ja hän yritti viedä sen mennessään. Syntyi suuri taistelu. Kenen välillä? Vishvamitra ja hänen armeijansa olivat toisella puolen ja Vasishta toisella puolen. Vasishta-parka oli varmaankin tuohon aikaan satakaksikymmentäviisi vuotta vanha. Mutta hänellä oli lehmä puolellaan. Niinpä lehmä loi sotilaita ruoan sijasta ja taistelu jatkui. Vishvamitra hävisi ja hän palasi takaisin omaan maahansa. Hän päätti: 'Tuo on todellista voimaa. Tuolla köyhällä brahmiinilla on todellista voimaa, henkistä voimaa. Mitä hyödyttää olla kuningas? Haluan tulla hänen kaltaisekseen brahmarishiksi. Ryhdyn harjoittamaan meditaatiota. Ryhdyn harjoittamaan tapasia, itsekuriharjoituksia.'

Niinpä hän meni metsään ja ryhtyi tekemään itsekuriharjoituksia. Mitä tapahtui? Siinä vaiheessa Indra, jumalien kuningas, näki Vishvamitran harjoittavan tapasia ja ajatteli: 'Miksi hän harjoittaa tapasia? Hän haluaa varmaankin saavuttaa minun asemani, tulla taivasmaailman kuninkaaksi.' Niinpä hän lähetti alas kauniin naisen, Menakan. Hän oli taivaallinen neitokainen, nymfi, joka sai naisellisella viehätysvoimallaan Vishwamitran huomion suuntautumaan toisaalle ja sen seurauksena heistä tuli rakastajia. Kuinka pitkäksi aikaa? Kahdeksitoista vuodeksi! Hän ei tuntenut ajan kulumista, se tuntui yhdeltä päivältä. He saivat myös lapsen, Sakuntalan. Kahdentoista vuoden kuluttua hän oivalsi mitä oli tapahtunut, että hän oli unohtanut meditaationsa ja tapas-harjoituksensa. Hän ymmärsi, että Indran oli täytynyt tehdä tämä kepponen, niinpä hän tuli hyvin vihaiseksi ja kirosi Menakan.

Jälleen hän istuutui harjoittamaan tapasia. Mutta koska hän oli hukannut kaiken voimansa Menakaan ja kaiken lisäksi vieläpä suuttunut, kaikki se hyöty, minkä hän oli saanut aiempien vuosien meditaatiosta, oli mennyttä. Hän tunsi itsensä onnettomaksi ja ajatteli: 'Mitä minulle onkaan tapahtunut. Olen joutunut halun, vihan ja ahneuden valtaan. En anna tämän tapahtua enää koskaan itselleni.'

Hän hakeutui toiseen paikkaan ja istuutui meditoimaan. Jälleen Indra lähetti toisen naisen. Tuo nainen sai hänen huomionsa kääntymään muualle, mutta nyt hän päätti, että ainakaan hän ei suuttuisi. Hän ei kironnut naista. Yksi asia seurasi toista tällä tavoin. Eikä hän kyennyt ylittämään vihaansa.

Se oli suuri ongelma hänelle, siitä huolimatta, että hän oli harjoittanut niin paljon meditaatiota ja tapasia. Hän seisoi yhden varpaan varassa viisikymmentä vuotta. Hänen ravintonsa rajoittui yhteen henkäykseen ilmaa kerran vuodessa. Siitä huolimatta, kun ongelmia ilmeni, hän suuttui. Hän ei kyennyt hallitsemaan vihastumistaan yritti hän sitten kuinka paljon tahansa. Pahinta kaikesta oli, että Vasishta ei hyväksynyt häntä brahmarishiksi.

Lopulta hän ei kestänyt tilannetta enää. Hän päätti, että hän tappaisi Vasishtan. Hän tuli niin kateelliseksi ja vihaiseksi. Hän sanoi: "Jos tämä on ainoa tapa, millä voin voittaa hänet ja saavuttaa hänen asemansa, silloin hänet kannattaa tappaa."

Hänen mielensä kieroontui tällä tavoin. Niinpä hän meni ashramiin eräänä täydenkuun iltana. Hän piiloutui majan taakse odottaen tilaisuutta tehdä lopun Vasishtasta.

Vasishta oli tuossa vaiheessa pitämässä puhetta, satsangia. Hän kertoi ashramin brahmachareille ja brahmacharineille: "Näettehän kauniin kuun taivaalla, miten se antaa valoa koko maailmalle ja tekee kaikista onnellisia ja rauhallisia ja viilentää päivän kuumuuden. Samalla tavoin tuo suuri mahatma, joka harjoittaa tapasia metsässä, Vishvamitra, lahjoittaa rauhaa maailmalle."

Kun Vishvamitra kuuli tämän, hänen vihansa katosi. Hänestä tuli viaton kuin lapsi. Hän katui kaikkia pahoja asioita, joita oli tehnyt ja meni ja heittäytyi Vasishtan jalkojen juureen. Vasishta sanoi: "Nouse, Brahmarishi, nouse ylös! Miksi makaat siinä? Sinä olet brahmarishi, et harjoittamasi tapasin johdosta, vaan koska sydämestäsi on tullut puhdas ja lapsen kaltainen."

Tämä on lopulta ainoa tapa, jolla meidän mielemme tulee täysin puhtaaksi. Voidaksemme vapautua syvälle juurtuneista vasanoista, kielteisten ominaisuuksien valtamerestä, meidän tulee tehdä henkisiä harjoituksia.

Mutta lopulta se riippuu mahatman armosta, aivan niin kuin Vishamitra sai osakseen Vasishtan armon. Saatamme kokea, että on mahdotonta tehdä niin, mutta olen saanut nähdä jotakin tapahtuvan, joka osoittaa, että voimme voittaa tällaiset tottumukset.

Mumbaissa asui tiedemies, jolla oli tapana juoda kolmekymmentä kuppia kahvia päivittäin. Hänen tapanaan oli pureskella betelin lehtiä ja pähkinöitä, eräänlaista stimulanttia – ehkä kaksikymmentä pakkausta betelin lehtiä ja pähkinöitä päivässä. Hän sai tuohon aikaan melko hyvää palkkaa ja vuokran lisäksi hän käytti koko palkkansa kahviin, betelin lehtiin ja pieneen määrään ruokaa, minkä hän söi. Hän ei ollut koskaan kovinkaan nälkäinen johtuen siitä, että hän söi ja joi kaikkea tuota. Ei ole liioittelua sanoa, että hänen ruumiinsa läpi kulki jatkuvasti voimallinen sähkövirta.

Samaan aikaan hän oli kovin kiintynyt Ammaan. Hän tuli Amman luo ja sanoi: "Haluan jättää vanhan elämäni. Haluan elää sinun jalkojesi juuressa, Amma."

"Hyvä on", Amma sanoi: "Mutta annan sinun olla täällä vain, jos kykenet luopumaan noista kahdesta tottumuksestasi."

Alkoi melkoinen kamppailu ja hän onnistui siinä vain muutaman päivän ajan. Sen jälkeen hän meni Amman luo ja sanoi: "Amma, en kykene hallitsemaan itseäni."

"Ei se ole mikään ihme", Amma sanoi. "Syö hieman karamelleja, joka kerta kun sinun tekee mieli juoda kahvia tai pureskella betelin lehtiä."

Niinpä hän alkoi syömään suuria määriä karamelleja. Hän oli sairas makeisista. Hän oli täynnä sokeria. Mutta se ei saanut aikaan muutosta.

Eräänä päivänä hän lähti ashramista ja meni teepuotiin, mistä hän sai kahvia ja paketin betelin pähkinöitä ja lehtiä. Kukaan ei kertonut siitä Ammalle, sillä kukaan ei edes tiennyt siitä mitään. Hän oli tehnyt sen salaa. Sen oli täytynyt tapahtua ilta-aikaan tai silloin kun kaikki olivat olleet meditoimassa. Mutta hänen mielensä oli keskittynyt kahviin ja niinpä hän lähti etsimään teepuodin darshania.

Kun hän palasi, Amma kutsui häntä sanoen: "Et voi petkuttaa minua, tiedän mitä teit. Sanoin sinulle, että jos et voi voittaa tottumuksiasi, et voi jäädä tänne."

Hänestä tuntui niin pahalta, olemuksensa syvimmässä asti, että tuon päivän jälkeen hän ei enää koskaan maistanut kahvia tai betelin lehtiä. Riippuvuus, jolla oli ollut niin voimallinen ote häneen, irtosi hänestä tuolla hetkellä. Hän oli syvällisesti vakuuttunut siitä, että "Tämä ei ole hyväksi minulle enkä voi saada osakseni Amman armoa, jos takerrun tähän." Joten, kun tämä ymmärrys läpäisi hänen sydämensä, ei ainoastaan hänen päätään, hän kykeni vapautumaan kertaheitolla tuosta riippuvuudestaan.

Niinpä se on mahdollista. Mutta muistakaamme aina, että Amma sanoo, että jos emme voi ylittää edes tällaisia tottumuksia, kuinka voisimme voittaa mielen vihaisuuden ja kielteisten ominaisuuksien valtameren?

Ajatuksen voima

Tämä saattaa kuulostaa hieman oudolta täällä läntisessä maailmassa, mutta meidän tulee silti kuulla siitä Ammalta.

"Alkuvaiheessa sadhakan, henkisen oppilaan ei tulisi syödä mitään puodeista."

Voisimme puhua ravintoloista eikä puodeista.

"Ottaessaan jokaisen aineksen puodin pitäjä miettii ainoastaan sitä, miten tehdä enemmän voittoa. Valmistaessaan teetä hän ajattelee: 'Tarvitaanko näin paljon maitoa? Eikö sokerin määrää voisi vähentää?' Tällä tavoin hän ajattelee vain sitä, miten hän voisi vähentää aineksia saadakseen enemmän voittoa. Tällaisten ajatusten värähtelyt vaikuttavat sadhakaan."

Täällä läntisessä maailmassa, ja yhä enemmän ympäri maailmaa, sosiaalinen elämä on tullut hyvin tärkeäksi. Emme koskaan ajattele, että ravintolaan ei voisi mennä. Itse asiassa lähes jokainen, jolla on rahaa, menee ulos syömään. Luin jostakin, että McDonald's myy noin 6.480.000 hampurilaista päivässä ympäri maailmaa. Se tarkoittaa seitsemänkymmentäviisi hampurilaista sekunnissa! Kauan sitten Intiassa ei ollut ravintoloita. Majataloja matkailijoille on saattanut olla. Tuolloin oli ja yhä on *dharamshaloja* ja *annasatroja*, joihin pyhiinvaelluksella olevat ihmiset saattoivat mennä lepäämään ja syömään jotakin. Varakkaat yhteisöt – todennäköisesti kauppiaat ja maahantuojat – ylläpitivät niitä ilmaiseksi.

On totta, että ruoka, joka on valmistettu kotonamme rakkaudella, on hyväksi meille henkisesti. Se tekee hyvää keholle ja mielelle. Ravintolan ruoka ei ole hyväksi mielelle. Se on valmistettu vain sillä ajatuksella, että sillä tehdään voittoa. Meidän tulee muistaa, että kyse on liiketoiminnasta. Eivät he rakkaudesta syötä meitä.

Amma kertoo tarinaa isästä ja hänen pienestä tyttärestään, jotka kirjautuivat hotelliin. Seuraavana aamuna, kun he kirjautuivat ulos, pieni tyttö sanoi: "Isä, henkilökunta oli täällä niin mukavaa! He kiirehtivät palvelemaan meitä pienimmänkin asian suhteen ja niin moni ihminen palveli meitä myös ravintolassa, kysyen aina uudelleen: 'Haluatteko mitään muuta?' He olivat niin rakastavia ja ystävällisiä. En ole koskaan nähnyt niin ihastuttavia ja suloisia ihmisiä."

Silloin isä sanoi: "Mistä sinä oikein puhut? Kun olen maksanut laskun, et tule enää näkemään heitä. Ainoa syy miksi he ovat niin herttaisia ja ystävällisiä, on, koska he haluavat meidän rahamme. Tuo on vain julkisivua – show. Jos emme maksa laskua, tulet näkemään kuinka suloisia he ovat!"

Olipa henkilökunta ja ilmapiiri kuinka mukavaa tahansa ravintolassa ja olipa ruoka kuinka maukasta tahansa, se ei ole henkisessä mielessä hyväksi. Ravinnon hienosyinen olemuspuoli, jonka värähtelyt asettuvat mieleemme, synnyttävät meissä halua saada voittoa, sen sijaan että haluaisimme tulla epäitsekkäämmiksi ja jakaa enemmän – koska tuo ahneus asettuu mieleemme.

Tuossa oli ajatelman alkuosa. Tämän jälkeen Amma kertoo tarinan.

"Olipa kerran sanjaasi, jonka tapana ei ollut lukea sanomalehtiä. Eräänä päivänä voimallinen halu lukea sanomalehteä ilmeni hänessä. Myöhemmin hän alkoi unelmoida sanomalehdistä ja uutisista. Tiedusteltuaan asiaa kävi ilmi, että hänen palvelijansa luki sanomalehteä valmistaessaan hänen lounastaan. Hänen huomionsa ei ollut keittämisessä vaan sanomalehden lukemisessa. Kokin ajatusaallot vaikuttivat näin sanjaasiin."

Kun valmistamme ruokaa, ajatuksemme, värähtelymme menevät ruokaan. Niin ei tapahdu niinkään keittämättömän ravinnon kuten vaikkapa banaanin suhteen. Intian muinainen perinne ja Amman kaltaiset mahatmat sanovat, että ruoka tulee vastaanottavaiseksi värähtelyille, kun sitä keitetään. Ruoan valmistajan värähtelyt menevät siihen. Talossa, jossa on rakkautta, sitä menee ruokaan raviten ihmisten mieltä. Mutta hotellissa tai ravintolassa ei ole mitään tällaista ja niinpä nuo maalliset värähtelyt menevät ravintoon.

Amma sanoo, että sadhanamme alkuvaiheessa on parasta, että emme syö mitään ravintoloista tai kahviloista. Meidän ei tarvitse seurata tätä sääntöä loputtomasti. Mutta suurin osa meistä on vasta aloittelijoita henkisessä elämässä. Vaikka olisimme meditoineet kaksikymmentä vuotta, vaikka olisimme nähneet jokaisen mahatman, joka on tullut maahamme, vierailleet Intiassa neljäkymmentä kertaa ja jokaisessa ashramissa ja olisimme seisseet monia tunteja päällämme, emme ole siltikään saaneet vielä omaa mieltämme hallintaan. Se vaeltaa silti yhä niin kuin tuuli. Niinpä siihen asti, kunnes mielemme omaa todellisen, pysyvän rauhan, jota ei häiritse enää mikään, ennen kuin tunnemme sisäistä autuutta, jolla ei ole olemassa mitään ulkopuoleltamme tulevaa syytä, ennen kuin saavutamme tuon tason henkisessä kehityksessämme, kaikki vaikuttaa meihin. Vakavamielisen sadhakan tulee olla varovainen. Kuinka luonnottomalta se tuntuukaan, kuinka vaikeaa se saattaakaan olla, se on meidän parhaaksemme.

Jos emme ole vakavissamme, voimme tehdä mitä haluamme, se ei ole ongelma.

Syö kohtuudella

"Älä syö itseäsi ähkytäyteen. Puolet vatsasta tulisi täyttää ruoalla, neljäsosa vedellä ja loppuosa tulisi jättää ilman kierrolle."

Tämä on tietenkin ihanne. En ole koskaan tavannut ketään, joka kykenisi noudattamaan tätä. On vaikeaa syödä niin, että vain puolet vatsasta täyttyy ruoalla. Siitä huolimatta meidän tulee tietää mikä on korkein ihanne. Tämä on ayurvedinen periaate.

"Mitä vähemmän ruokaa syödään, sitä enemmän mielen hallintaa on. Älä nuku tai meditoi välittömästi syötyäsi. Muutoin ruoka ei sula kunnolla."

Tämä on terveysohje. Älkäämme syökö niin paljon, että olemme halkeamaisillamme. Näin kerran ashramissa lehmän. Kukaan ei tiennyt kuinka paljon se oli syönyt emmekä tienneet tuolloin, että lehmät voivat syödä itsensä hengiltä. Tälle lehmälle annettiin yhä vain lisää ruokaa. Joku näki lehmän tyhjän astian ja ajatteli: 'Lehmä-parka, sille ei ole annettu ruokaa lainkaan.' Niinpä kaksi tai kolme ihmistä syötti lehmää. Se oli niin täynnä, että se lähes halkesi ja kuoli siihen, että ruoka ei sulanut.

Jotkut ihmiset ovat tällaisia. Jokin on niin maukasta, että he vain jatkavat syömistä pitkään se jälkeenkin, kun heidän nälkänsä on jo ohi. Jos sitten tuomme heille jotakin, mistä he pitävät, he löytävätkin sille yhtäkkiä tilaa. Olen nähnyt tämän monta kertaa. Payasam (vanukas) on monen lempiruokaa. Olemme syöneet kymmenen ruokalajin intialaisen aterian ja olemme haljeta, kun joku tuo lisää riisiä ja vihanneksia tai *sambaria* tai *rasamia* sanoen: "Haluaisitteko lisää riisiä?"

"Ei, ei, olen aivan täynnä, tänne asti."

Sitten joku tulee ja sanoo: "Et olet saanut lainkaan payasamia."

Sen on täytynyt tulla ulos heidän korvistaan siinä vaiheessa. Jokainen löytää silti hieman tilaa, kun kyse on jostakin tuon kaltaisesta.

Meidän ei tulisi syödä niin paljon, että emme kykene edes hengittämään, koska silloin meistä tulee hyvin tamasisia. Tiedämme mitä tapahtuu, kun syömme liikaa. Alamme torkkua. Se on hyvä, jos haluamme mennä nukkumaan, mutta ei ole hyväksi, jos haluamme meditoida. Amma sanoo, että meidän ei pitäisi nukkua tai meditoida syötyämme täyden aterian. Miksi? Koska jos nukumme, ruoansulatuksemme ei toimi kunnolla ja sen seurauksena emme saa tarvitsemaamme ravitsemusta ja saatamme kärsiä ruoansulatusvaivoista ja seuraavana päivänä happovaivoista. Ja jos meditoimme, mitä tapahtuu? Sama asia, sillä kun meditoimme, elinvoimamme, joka sulattaa ravinnon, suuntautuu siihen pisteeseen, jota meditoimme. Emme halua riistää vatsaltamme sen luonnollista toimintakykyä. Joten älä meditoi syötyäsi täyden aterian. Odota tunti tai kaksi.

Tässä tulee tuon ajatelman jälkimmäinen osa:

"Kun rakkaus Jumalaa kohtaan kehittyy, sitä voi verrata ihmiseen, joka kärsii kuumeesta. Hän, joka on kuumeessa, ei koe ruokaa maukkaana. Vaikka ruoka olisi makeaa, se maistuu hänestä karvaalta. Kun rakastamme Jumalaa, ruokahalu itsestään vähenee."

Tähän näkemys huipentuu. Saatamme joutua jonkun aikaa kamppailemaan voidaksemme hallita näitä luonnollisia mieltymyksiämme, voidaksemme saada väläyksen jostakin korkeammasta kuin pelkät aistinautinnot tai aistien tarjoamat kokemukset. Tässä on kyse mitä ilmeisemmin kilvoittelusta, sillä olemme eläneet monen elämän ajan tällä tavoin. Mutta saatuamme todellisen henkisen kokemuksen, saatuamme kokea Jumalan tai Itsen läsnäolon, siitä tulee luonnollista. Silloin emme enää halua etsiä jotakin itsemme ulkopuolelta, sellaiset asiat eivät enää tee meistä onnellisia. Aistielämästä tulee väistämättä häiriötekijä, ajan hukkaa. Kun alamme nauttia henkisistä harjoituksista, maallinen elämä menettää makunsa. Alamme kokea, että nukkuminen, keittäminen, syöminen, peseytyminen ja vessaan meneminen ovat ajanhukkaa.

Mielen hallintaa seuraa autuus

Henkinen elämä on autuuden ja sisäisen rauhan täyttämää elämää. Se voi olla kärsimyksen ja surun täyttämää jonkin aikaa. Olemme kuulleet puhuttavan: "Sielun pimeästä yöstä". Mitä tapahtuu henkisen elämän alkuvaiheessa? Siinä vaiheessa ne tottumukset, joita olemme keränneet itsellemme yhteiskunnasta, perheeltä ja maallisesta seurasta, nousevat voimallisesti esiin ja me tulemme niistä kipeän tietoisiksi. Meistä tuntuu pahalta ja yritämme vapautua niistä, mutta tehtävä vaikuttaa toivottamalta.

Ihmiset, jotka näkevät meidän kulkevan ympäriinsä vakavan näköisinä, saattavat sanoa meille: "Luulin, että olet henkinen ihminen. Eikö sellaisen tulisi säteillä jumalallista autuutta? Kukaan ei saa yliopillista loppututkintoa käymättä läpi koko koulujärjestelmää lastentarhasta aina yliopistoon asti. Kuinka voisimme kokea autuutta käymättä läpi sielun pimeää yötä? Tietty määrä puhdistumista tulee saavuttaa keskittymisen, henkisten harjoitusten avulla ja kilvoittelemalla ennen kuin rauha alkaa sarastaa. Itse asiassa se kertoo, että olemme oikealla polulla, jos tällainen mullistus tapahtuu.

Karkeimmat vasanamme tai tottumuksemme, joilla olemme hemmotelleet itseämme, ei ainoastaan tässä elämässä vaan aikaisemmissa elämissämme, nousevat ensivaiheessa pintaan. Itsekkyys, himo, viha, saituus, kateus ja virheiden näkeminen toisissa ovat niistä yleisimpiä. Mutta kun kolhaisemme näitä, mielen pinnalla oleva saasta siirtyy hetkeksi syrjään ja saamme nähdä puhdasta vettä. Kun alamme saada väläyksiä todellisesta olemuksestamme, atmanista tai alamme tuntea Jumalan läsnäoloa tai antaumusta, silloin henkisestä elämästä alkaa tulla helpompaa ja lopulta luonnollista.

Amma sanoo: "Ensin on harjoitukset, sitten todellinen näytelmä alkaa."

Sadhana on kuin harjoitukset ja autuuden tila on kuin näytelmä.

Haluan lukea muutamia säkeitä, jotka kuvaavat hänen kokemustaan, joka on saavuttanut autuuden. On näet hyvin harvinaista, että löydämme kuvauksen siitä. Tänä päivänä on olemassa paljon ihmisiä, jotka kirjoittavat kokemuksistaan. Tässä on kyse ihmisestä, joka meni gurun luo perinteisellä tavalla tuhansia vuosia sitten ja joka turvautui guruun, jonka guru koulutti ja joka koki sitten jumalallisen autuuden. Tässä on hänen kuvauksensa siitä:

"Ymmärrettyään korkeimman totuuden pyhien kirjoitusten kuvaamana, gurunsa antamien ohjeitten ja älynsä avulla, hiljennettyään aistinsa ja hallittuaan mielensä, opetuslapsi tuli liikkumattomaksi yksinäisessä paikassa. Vakiinnutettuaan mielensä vähäksi aikaa Brahmaniin, korkeimpaan todellisuuteen, hän nousi ylös ja puhui tällä tavoin ylitsevuotavassa ilossa."

Hän teki mielestään vakaan, meni hiljaiseen paikkaan, yksinään, teki mielestään täydellisen hiljaisen ja ajatteli niitä opetuksia, joita hän olin opiskellut ja kaikkea mitä hänen gurunsa oli hänelle opettanut. Hänen mielestään tuli keskittynyt ja hän koki korkeinta autuutta.

"Sitten hän sanoi: 'Korkeimman Brahmanin valtameren valtavuutta, Itsen oivaltamisen nektarilla täyttymistä ei voi ilmaista tyydyttävällä tavalla sanoilla, mielen luomilla ajatuksilla. Mieleni, joka on saavuttanut tämän tilan ja sulautunut tuohon valtamereen täyttyen autuuden nautinnolla. Minne on tämä maailmankaikkeus kadonnut? Kuka on sen poistanut? Minä näin se aiemmin, mutta en enää. Mikä ihme! Jäljellä on enää autuuden valtameri. Mitä siis tulisi hylätä, mitä tulisi hyväksyä? Mikä on erilaista? Mikä on erilaista tässä suuressa valtameressä, joka on täyttynyt äärettömän autuuden nektarilla? En näe mitään. En kuule mitään. En tiedä mitään. Olen vain oman atmanini olemuksessa ja jatkan autuuden nautinnossa.

"Kummarrus sinulle, guruni, yhä uudelleen. Oi sinä suuri, joka olet vapaa kaikista riippuvuuksista, paras Brahmanin tuntijoiden joukossa, joka olet autuuden ikuisen ydinolemuksen ruumiillistuma, ääretön, armon korkein varasto. Jonka armollisen katseen voimasta, joka loistaa niin kuin kuun viileät säteet, kaikki samsaran kärsimykseni ovat nyt poistetut ja minä olen saavuttanut Itsen kuolemattoman tilan, joka on luonteeltaan ääretöntä autuutta. Olen siunattu. Olen saavuttanut tarkoitukseni. Minut on vapautettu syntymisen ja kuolemisen valtameren kahleista. Olemukseni on nyt pysyvää autuutta. Olen täysi, sinun armostasi.

Olen Brahman, jota ei voi verrata mihinkään muuhun, olen aluton totuus kaikkien mielikuvien tuolla puolen, joka on olemukseltaan ikuista autuutta, korkeinta totuutta. Mayan tuulen leikkiessä, maailmankaikkeuden erilaiset aallot nousevat ja asettuvat minussa, äärettömässä autuuden valtameressä. Niin kuin taivas, olen kaikkien kuviteltavissa olevien erilaisuuksien tuolla puolen. Niin kuin aurinko, olen erillinen siitä mikä on valaistu. Niin kuin liikkumaton vuori, olen pysyvä ja liikkumaton. Niin kuin valtameri, olen vailla rantaa. Suuressa unessani, syntymisen, vanhuuden ja kuoleman unimetsässä, mayan heiteltävänä, erilaiset kärsimykset uuvuttivat minut, tuottaen kärsimystä hetki hetkeltä. Egon tiikeri kidutti minua. Äärettömässä armossasi, guruni, sinä olet herättänyt minut unesta ja pelastanut minut."

Herättäköön meidän gurumme myös meidät mayan pimeästä yöstä Jumal-oivalluksen ikuiseen auringonpaisteeseen. Se on minun rukoukseni.

www.ingramcontent.com/pod-product-compliance
Lightning Source LLC
LaVergne TN
LVHW051736080426
835511LV00018B/3085